本书属湖北省教育科学"十一五"规划 2010 年度立项课题《地方高校工业设计创新型、应用型人才培养模式的研究与实践》成果之一,项目编号 2010B028

现代汽车造型创新设计与概念车设计

王 中 著

中国水利水电出版社
www.waterpub.com.cn
·北京·

内 容 提 要

汽车造型设计是在追求与众不同的外表上，从安全可靠行驶等方面对汽车进行设计，设计师要掌握汽车造型的相关内容,将市场与科技二者完美的结合在一起,从而更好地服务于人们生产生活。

本书围绕汽车造型,从汽车的多个方面来介绍,包括造型因素、造型设计理念、美学运用、造型的形态色彩、概念车的设计规划。

全面而系统地对汽车造型所需要的理论做介绍，根据汽车设计领域的不断发展，科学与美学在这一学科中不断深入、融合,也创造出新的价值理念。

图书在版编目(CIP)数据

现代汽车造型创新设计与概念车设计/王中著.——
北京:中国水利水电出版社,2018.9(2025.6重印)
ISBN 978-7-5170-6887-7

Ⅰ.①现… Ⅱ.①王… Ⅲ.①汽车－造型设计 Ⅳ.
①U462.2

中国版本图书馆 CIP 数据核字(2018)第 215648 号

书　　名	现代汽车造型创新设计与概念车设计
	XIANDAI QICHE ZAOXING CHUANGXIN SHEJI YU GAINIANCHE SHEJI
作　　者	王　中　著
出版发行	中国水利水电出版社
	(北京市海淀区玉渊潭南路 1 号 D 座 100038)
	网址:www.waterpub.com.cn
	E-mail:sales@waterpub.com.cn
	电话:(010)68367658(营销中心)
经　　售	北京科水图书销售中心(零售)
	电话:(010)88383994、63202643、68545874
	全国各地新华书店和相关出版物销售网点
排　　版	北京亚吉飞数码科技有限公司
印　　刷	三河市元兴印务有限公司
规　　格	170mm×240mm 16 开本 16.75 印张 217 千字
版　　次	2019 年 3 月第 1 版 2025 年 6 月第 2 次印刷
印　　数	0001—2000 册
定　　价	81.00 元

前　言

　　汽车是促进社会经济发展和提高人类生活质量不可或缺的交通工具。21世纪以来，随着我国综合国力进一步增强，人民生活水平不断提高，汽车产业高速发展，人们对汽车造型的要求也越来越高，造型决定了汽车制造商的竞争力。为了适应汽车行业的快速发展，我国也同步培养了一大批适应汽车产业发展需求的人才，在数量和质量上达到了行业的要求，这是保障我国汽车产业长期繁荣与持续发展的关键。

　　近几年来，中国的汽车销售量已经成为世界第一，汽车进入了平常百姓家庭。汽车造型呈现出个性化趋势，包括新能源汽车在内的新技术、新产品的涌现都对传统造型提出了新的挑战，在这个挑战与机遇并存的历史时期，我国汽车行业最紧缺的就是优秀的造型设计师。汽车造型是创新性、审美性很强的技术活动，造型师要具备扎实的相关领域的知识和对美感的创造性体现才能赢得市场和竞争力，也要对美学有十分清晰的认识。

　　新的科技、新的生活形态、新的价值观念都是汽车造型设计的源泉，不仅仅在外部造型方面要满足美学、空气动力学、时尚性的需求，为了驾驶员可以更加方便、安全可靠地操控车辆，在内部设计中也要满足各种性能的需求。此外，还有对概念车的设计，它向人们展示了设计人员新颖、独特、超前的构思，是世界各大汽车公司借以展示其科技实力和设计观念的最重要的方式，因而概念车格外具有新颖性、艺术性和吸引力等特点。

　　在对汽车造型全面深刻理解的基础上，作者撰写了《现代汽车造型创新设计与概念车设计》一书，从多个角度来论述现代汽车造型设计。全书分为六章,第一章为绪论,对汽车造型的基本理论进行简要介绍;第二章介绍影响汽车造型的因素;第三章介绍汽车造型设计的美学运用;第四章介绍现代汽车造型设计理念与方法;第五章介绍现代汽车造型形态、色彩与图案设计;第六章介绍概念车的设计与产品规划。

汽车造型设计不是一项简单的工作,它结合了技术和艺术两方面的内容,每一款汽车的诞生都饱含设计师和工程师的智慧与汗水。本书落脚点在汽车造型设计上,从创新和概念车两方面,体现现代汽车造型的新颖;本书以图文并茂的方式突出重点,分析论述了造型设计的关键内容,结构合理、理论与实践紧密结合。

作者在撰写本书时,得益于许多同仁前辈的研究成果,既受益匪浅,也深感自身存在的不足。希望读者阅读本书之后,在得到收获的同时对本书提出批评建议,也希望更多的朋友加入到汽车造型设计的研究队伍当中来。

作　者

2018 年 4 月

目 录

第一章 绪 论

汽车是现代社会的重要交通工具，与人们的日常生活紧密联系在一起。如今，汽车产业已经成为我国经济发展的支柱产业，对于汽车的造型设计的需求也必须有相对应的提升，在满足人们使用功能的同时也要满足人们的审美需求，并需要有自身独特的风格。本章是对汽车造型基本理论的论述。

第一节 汽车造型设计概述

一、汽车的基本属性

汽车是人类活动进入工业化时代的典型产品，是人类智慧的体现，具有工业产品的基本属性。

工业产品的基本属性有两个方面：第一，产品具备物理实体功能，要对人类的生活有帮助；第二，产品的生产已具有一定批量生产规模和一定的生产技术水平。

二、汽车的造型设计

设计是一种综合性的、对产品进行整体规划的技术，其核心是对工业产品的功能、材料、构造、形态、色彩、表面处理、装饰诸要素，从社会的、经济的、技术的、审美的角度进行综合处理；另一

— 1 —

层意思与表现有关,如用平面图、效果图、模型等将产品的特征表现出来。

造型即塑造形体,形体可以是二维和三维的,可以被视觉(或触觉)感知。它包括实用的造型、审美的造型、综合的造型。从字面来看,"造"是制作、建立的意思,指人类的创造性活动;"型"指某种式样,是人类通过视觉、触觉可以感知的客观实体的外形。因此,汽车造型就是针对工业产品——汽车进行外形创造,也可理解为以人们对汽车要体现出的各种功能为基础,以可视或可触及的各种材质要素为前提,进行的形状、色彩等有关方面的创造活动。

由设计和造型的含义可知,造型是设计活动的一部分。汽车有四大组成部分:车身、发动机、底盘、电器与电子设备。我们把汽车当作一个生命系统来认识:发动机产生动力,相当于心脏;底盘传输动力,相当于循环系统;电器传导信号,相当于神经系统;车身相当于外表皮肤、肌肉、骨骼,不仅起到覆盖、保护的作用,还具有支撑、连接的作用。汽车造型设计是人与汽车之间的界面设计,是在保证产品物理使用功能基础上的审美设计。

我们知道汽车的基本结构包括发动机、底盘、车身、电器与电子设备。汽车设计是汽车产业的首要环节,是产业的核心,包括整车总体设计、总成设计和零件设计。

车身设计属于总体设计的重要组成部分,是汽车设计的先行环节之一。汽车造型设计从汽车车身设计开始。

汽车造型设计主要指外型设计和内饰设计,包括形态、结构、功能、色彩、材质、图案、空间、灯光等设计内容。

(一)汽车造型设计的意义

汽车造型设计有以下几方面意义:

1)使汽车具有合理合情合时的造型。

2)使汽车具有舒适、方便等特点的内饰。

3)使车企拥有自主开发能力和创建自己的品牌。

4)可提高汽车的市场竞争力。

(二)汽车造型设计的特点

汽车造型型设计有以下特点：

1)科技与艺术相结合。

2)物质功能与精神功能相结合。

3)具有强烈的新意(时尚性和科技性)。

4)注重节能、环保和人的身心健康。

5)设计师与相关部门、人员的密切协作。

三、汽车造型设计基本要素

汽车的功能、造型形象及物质技术条件是构成汽车造型设计的基本要素。

(一)汽车功能

汽车同其他工业产品一样，其功能具有双重性，即物质的和精神的两个方面。产品的物质功能包括产品的技术功能和使用功能。无论是乘用车、商用车还是其他特种用途车，基本功能都是运输，需要人进行操控和乘坐，因此是根据人的需求来设计的。除此之外，产品还具有传递某种特殊信息的功能。如加长的迎宾车显示出乘坐者的地位尊贵，而跑车则显示出高技术和现代感。

(二)造型形象

造型形象是为功能服务的，它必须考虑功能，有助于功能的发挥，而不是对功能进行阻碍。产品造型所表达的形体美不是设计师个人主观的审美，只有大众普遍认可的审美情调才能实现其审美性。

汽车的造型形象设计，主要指汽车外形设计和内饰设计，包括形态、结构、功能、色彩、材质、图案、空间、灯光等内容的设计。

(三)物质技术条件

各种材料、技术和设备是实现产品功能和造型形象的基础。

众所周知,内燃机的发明和先进加工制造技术的运用,使得汽车领域里的形态变革进入一个崭新的时期。试想若没有质轻的合金材料和非金属材料来代替钢板和木材,是不可能实现车身轻量化的目的的;若设计的形状、色彩无法在生产制造中实现,设计也只能是空谈。

第二节　汽车造型设计的发展历程

一、汽车的诞生过程

在古代人类已经学会了利用一些自然资源来代步,如在水里利用水的流动而发明了船,在陆地上使用驯服的牲畜来移动称之为车的载运工具。到了 17 世纪,英国人瓦特改良了蒸汽机,开启了第一次工业革命。1769 年,法国人尼古拉·居纽制造了世界上第一辆蒸汽驱动的三轮汽车(图 1-1)。这辆汽车被命名为"卡布奥雷"(图 1-2),车长 7.32m,车高 2.2m,车架上放置着一个硕大的锅炉。它是古代交通运输(以人、畜或帆为动力)与近代交通运输(动力机械驱动)的分水岭,具有划时代的意义。

图 1-1　第一辆蒸汽驱动的三轮汽车

图 1-2 "卡布奥雷"

"卡布奥雷"的前部是一台巨大的锅炉,后车轮有一人多高,根本没有现代称为车身造型的影子,仅有的车身部件是车架、木凳、上车踏板,简单之极。由于"卡布奥雷"的时速仅为 5km/h 左右,所以人们的注意力集中在寻找新的动力源和传动机械上。

1827 年,英国嘉内公爵(1793～1873 年)制造的蒸汽汽车成为世界上第一辆正式运营的蒸汽公共汽车,可载客 18 人,平均时速 19km/h(图 1-3)。

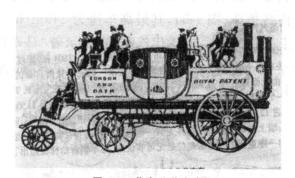

图 1-3 蒸汽公共汽车

法国 De Dion 伯爵在 1881 年为自己母亲组装的车,绰号为"拉侯爵夫人"(图 1-4),该车只有 9ft[①] 长,重 2100lb[②],最高时速可达 38mile/h),需 45min 来产生足够的蒸汽动力后才能驱动,是目前世界上最古老的可运行的汽车。

---

① 长度单位,1ft 就是 1 英尺,1ft=3048mm=0.3048m。
② 重量单位,1b 是英美国家重量单位,英磅,1eb=0.45359237kg。

— 5 —

图1-4 "拉侯爵夫人"

1886年,德国工程师卡尔·本茨制造出了第一台以内燃机为动力的汽车"奔驰一号",其时速为15km/h。

1886年8月,德国工程师戈特利伯·戴姆勒(1834~1900年)购买了一辆美国四轮马车,并对它加以改进,安装了传动、转向和1.1hp的汽油发动机,两个座椅。世界上第一辆马车式四轮汽油发动机汽车由此诞生。

在戈特利布·戴姆勒的支持下,威廉·迈巴赫在1901年设计了第一辆梅赛德斯(图1-5),其最高车速为24km/h。梅赛德斯是汽车历史上公认的第一辆现代汽车,它昭示着"马车时代"的结束。而凭借于此,威廉·迈巴赫在汽车界也被尊称为"设计之父",享有非凡的荣耀。

图1-5 世界上第一辆现代汽车梅赛德斯

第一辆福特四轮汽车于1896年春天诞生,如图1-6所示。这辆车重500lb,双汽缸装在一台蒸汽机的排气管位置上。两条皮带分别连在车轮和右侧小车轮上,司机通过它们可以选择两种车速(10mile/h或者20mile/h),但没有倒挡、刹车和方向盘,由一个手柄操纵四个自行车轮子。这是福特夫妇在煤油灯下精心打造的试验车,经过1年的反复试验,最终得以成功。1903年,亨利·福特对这辆试验车改型后,生产出第一部福特A型车,同年创建福特汽车公司。

图1-6 第一辆福特四轮汽车

可以说,早期的厢型汽车以美国的福特T型车最为著名。福特公司在汽车生产上首先采用了"流水作业法",大大提高了劳动生产率。当时福特公司大量生产汽车的指导方针是:采用以功能为主导的简化设计法;实行T型车单一品种的生产方式;零部件要求有互换性,在专业机床上加工;要求通过运输带进行加工与装配等,以此来缩短工时。这样一来,每辆汽车的装配工时由过去的约12.5h缩短到约1.5h,即相当于原来的1/8。汽车的销售价格由1908年的每辆车850美元降到1924年的290美元(在1914年,工人的每日平均工资为5美元),而福特公司的福特T型车在当时年产量达到30多万辆,占美国汽车总产量的70%~80%。福特公司的"流水线"生产方式推动了整个汽车制造业的发展,成为汽车发展史上的一个重要的里程碑,也使其在汽车界独占鳌头。

当时生产汽车历史较长的英国、德国等欧洲各国的汽车总产量只有美国的5%,"福特"几乎成为汽车的代名词。从1908年到1927年的19年间,福特T型车一共累计生产了大约1500万辆。这个生产纪录后来被"天才设计师"波尔舍设计、生产的"甲壳虫"大众汽车(前后经历了40年,累计生产超过2000万辆的新纪录)所打破,但那已经是在十多年之后的事情了。

正是福特公司将汽车生产的效率提高,从而使成本下降,打开了汽车产业的新纪元。从此汽车走入各行各业,并逐渐成为各个家庭的必备的交通工具。

二、汽车的造型演变

早期的汽车只是满足"移动"的需要,汽车设计师们大多把主要精力都用在汽车的机械工程学的发展和革新上。汽车的使用人群多为达官贵族,车辆装饰考究,但在外形上都较为简单,没有太多的造型艺术。每个时期的不同汽车造型都有其产生的历史原因和自己的特点,在汽车发展史上都占有一席之地。如今,汽车造型技术已是汽车的核心技术之一,汽车造型艺术则是塑造汽车品牌形象的关键因素。

汽车车身造型在发展过程中,主要经历了以下几个阶段:①马车型汽车;②厢型汽车;③甲壳虫型汽车;④船型汽车;⑤鱼型汽车;⑥楔型汽车;⑦子弹头型汽车。需要特别指出的是,赛车可以说是汽车技术和空气动力学表达最完善的车型,而且往往成为汽车设计师们开发新车型的样本,是推动汽车的发展的主要力量。

(一)马车型汽车

最早出现的汽车,其车身造型基本上沿用马车的形式,马车的车身几乎被原封不动地移植过来,因此也称为"无马的马车",这个称呼在当时可谓恰如其分。

从德国工程师卡尔·本茨的三轮车(图 1-7)、哥特利布·戴姆勒的四轮车(图 1-8),到 1903 年生产的福特 A 型汽车(图 1-9),马车型汽车的造型,多是敞篷或活动布篷样式,没有车身,造型主要由辐式车轮和座椅组成,零件暴露,外形简陋,后期才出现轮罩和较为豪华的

图 1-7　卡尔·本茨的三轮车

装饰,才出现了艺术方面的追求。

图 1-8 哥特利布·戴姆勒的四轮车

图 1-9 福特 A 型汽车

1889 年,法国的标致公司研制成功齿轮变速器和差速器,并在 1891 年首先采用前置发动机后轮驱动。1891 年,摩擦片式离合器也在法国开发成功,生产的车型如图 1-10 所示。

图 1-10 法国标致小客车

马车型汽车的时代是汽车造型发展的初期阶段,汽车制造技术尚未成熟,在车身造型上还没有引进空气动力学的原理,因此在提高汽车速度和减少阻力方面毫无优越性可言。

（二）箱型汽车

随着发动机、底盘技术的进步,车速提高到50km/h以后,迎面而来的强风会使驾驶员难以忍受,从而迫使人们考虑改变汽车的外形以克服其缺陷。

1902年,因夺得巴黎—维也纳汽车大赛冠军而驰名的雷诺(Renault)汽车,装备了4汽缸的发动机(图1-11),而变速器直接挡和万向传动轴是雷诺汽车公司的两项重要首创产品。

图1-11 1902年雷诺汽车

1903年的美国福特A型车将车头部分做成了倾斜的面。1905年发明的福特B型车开始将发动机前移,同年制造的福特C型车则开始采用挡风玻璃。为了遮风挡雨,提高舒适性和私密性,1909年法国雷诺公司生产了一款厢式车(图1-12)。

图1-12 1909年法国雷诺厢式车

美国福特汽车公司在1914年生产出一种新型的福特T型车(图1-13)。这是专门为城市道路设计的新型轿车,其车身很像一只大箱子,并装有门和窗。其外形特点不同于马车型汽车,人们称这类车为"箱型汽车"。

图 1-13　福特 T 型车

早期的"箱型汽车"不同于现代汽车的小巧玲珑,其车顶高,它在商品目录中被命名为"轿车"。可是从此以后的几年中,由于某些原因,福特放弃了"轿车"转而使用"厢式"这个名称。但不久之后,与 T 型车一起,"轿车"一词被重新引入并得以广泛宣传。随着四门 T 型轿车进入市场,这种在侧面中间有门的车身形式被称为"中门轿车"。从此以后,"轿车"一词在美国被用来称呼那些具有厢式车身的家庭用汽车。在这种汽车里,驾驶员和乘客坐在同一舱里,这和以前的各种类型的汽车都是大不相同的。"轿车"一词当时仅在美国使用,并未在欧洲流传开。

厢式汽车可称作"全天候汽车",其主要原因是人们对全天候车身外形的偏爱以及全天候车身造型的实用性和方便性。在欧洲,只有医生才需要全天候的汽车,用于出诊病人。这样一来,在 20 世纪初期,它也被称为"医生的小轿车"。它不必额外配备司机,乘客室内装有两个座位,由车主自己驾驶汽车。标准的门和窗的数量是随时间而变化的,汽车车身可以粗略地分为敞篷式和厢式,在欧洲大陆,前者叫作篷式汽车,而后者叫作轿车。

随着福特 T 型车的普及,用户对汽车本身的造型、装饰等产生多样化的要求,汽车公司在散热器罩、发动机通风口和轮罩的研发上花了大力气。通用公司 52kW 别克轿车以及英国罗尔斯·伊斯公司的银色幽灵(sliver ghost)牌轿车,车速达 110km/h,都是当时的代表车型(图 1-14)。

图 1-14　罗尔斯·伊斯公司的银色幽灵汽车

为追求舒适性,箱型汽车增加了方箱型车身,车身已有车门和车窗,发动机前置并有一个外罩漂亮的发动机舱,零部件被遮盖,造型显得整体、简洁、美观。材质、色彩和图案的运用已成为车身装饰的手段。

此外,在 1927 年,美国通用汽车公司建立"艺术与色彩部",哈里·厄尔出任主管,这是最早的汽车造型设计部门,标志着汽车造型设计正式成为汽车设计的组成部分(图 1-15)。

图 1-15　哈里·厄尔设计的车型

(三)甲壳虫型汽车

20 世纪 20 年代,随着汽车速度日益提高和汽车空气动力学发展的需求,方箱型汽车逐渐被淘汰。

厢型车身比马车式车身有更好的乘坐舒适性,但随着车速的进一步提高,汽车行驶中的气动阻力、气动升力、气动侧向力对车体的作用开始显现,人们开始寻找解决的途径:一是增大功率,二是减小空气阻力。空气阻力随着车速的提高以平方关系增长,当速度超过 100km/h 以后,可以说继续增加的功率几乎全部消耗在克服空气阻力上了。人们开始降低车身高度以减小迎风面的面积来克服空气阻力,那时曾经有这种倾向,认为发动机罩越长则功率越大,车速越高,甚至出现了不少故意将发动机罩加长的汽车,典型的例子就是 1931 年意大利生产的 8200hp(147kW)缸布加迪汽车(图 1-16)。这种长头汽车风气的的流行始于 1920 年,1930 年前后达到高潮,但是随后很快便消失了。

图 1-16 缸布加迪汽车

以后数年,汽车依然沿用传统的厢式外形,看来通过加大发动机功率以解决空气阻力问题并非良策。于是,人们开始研究一种新的车身外型——流线型。

流线型车身的大批量生产是从德国的"大众"牌汽车开始的。1933 年,德国设计天才费迪南德·波尔舍设计出一种大众化的汽车,并在"二战"结束后,"大众"汽车站稳了脚跟,尤其是费尔南德·波尔舍博士设计主持开

图 1-17 大众甲壳虫轿车

发的、酷似甲壳虫的汽车——大众"甲壳虫"轿车驰名全球(图 1-17)。该车的造型极具魅力,总产量超过 2000 万辆。

1934 年美国克莱斯勒汽车公司推出著名的"气流型"轿车(图 1-18)。该车发动机罩前部圆滑倾斜,前后翼子板与车身紧贴,前

大灯、备胎等隐入车身内,前挡风玻璃分成向侧面倾斜的左右两块,这种圆滑的造型形式称为流线型。

　　流线型在当时被认为是受空气阻力和涡流阻力最小的形状。虽然气流型小轿车在外形方面充分考虑了空气动力学因素,但在销售方面遭到惨败,其主要原因就是它的外形设计超越了时代的欣赏能力,但它却宣告了汽车造型新时代的开始。

图 1-18　克莱斯勒气流型小轿车

　　流线型设计在 20 世纪 30～50 年代形成一种风格,影响了整个设计领域。

　　第二次世界大战期间,大众公司主要是生产各种军用汽车,其中产量最大的是沿用了甲壳虫轿车绝大部分零部件的 VW82 型汽车(图 1-19)。产量最大、最驰名、战功最卓著的军用汽车当数美国的吉普(图 1-20)。四轮驱动和越野花纹的轮胎,尺寸极为紧凑,总长和总宽分别只有 3360mm 和 1575mm,开式车身和低矮的侧围十分便于士兵们上下车。

图 1-19　VW82 型汽车

图 1-20 "二战"美军吉普

（四）船型汽车

1945 年,福特汽车公司鉴于与通用公司等其他汽车公司为争夺市场而展开的竞争越来越激烈,为扭转被动局面,重新树立"车坛霸主"形象,在 1949 年推出了具有历史意义的福特 V8 型汽车（图 1-21）。这种新车型改变了以往汽车造型的模式,有效地减小了空气阻力的影响。福特 V8 型汽车的车身显得更加紧凑,更富有整体美感。由于这种车身造型颇像一只小船,所以称其为"船型汽车"。

图 1-21 福特 V8 型汽车

福特 V8 型汽车的成功之处不仅仅在于它在外形设计上有所突破,而且它还首先将人体工程学的理论引入到汽车的整体设计中,取得了令人满意的结果。人体工程学在本书之后的章节中有详细的介绍。福特公司最先重视人体工程学问题,并强调以人为主体的设计思想,也就是让设计师置身于驾驶员或乘客的位置上,从切身感受出发,来设计便于操纵、乘坐舒适的最适合人体形状的汽车。

船型汽车的造型,中部隆起、首尾低平、前后形态基本对称、体量均衡、比例匀称,给人以庄重、平稳的感觉。船型汽车从20世纪50年代至今,已成为世界上数量最多的一种车型。

船型汽车不论从外形上还是性能上来看都优于甲壳虫型汽车,还较好地解决了甲壳虫型汽车面对横风不稳定的问题。这是因为船型汽车的发动机前置,汽车整体重心相对前移,而且加大了行李舱,使风压中心位于汽车重心之后,所以当汽车遇到横向风时,就不会产生"摇头摆尾"的现象。

船型造型的汽车在发展过程中可谓几经波折。从20世纪50年代末到60年代初,美国各大汽车公司开始在船型汽车上增加垂直的尾翼(图1-22);后来有些汽车把尾翼由垂直改为水平设计,像鸟翅那样横向伸展;但因为这种尾翼并没有什么实用价值,仅仅能增加一些动感,所以到了60年代后期,带尾翼的汽车就基本消失了。随后有些人又将后窗玻璃改成反倾斜的形式,虽然从后排的乘客角度来看,这在人体工程学方面具有一定的优点,但外形却并不十分美观,而且高速时后窗附近会产生很强烈的涡流及气流噪声。这些尝试性的设计很快就被更新的船型车替代,又回到原先那种简练的车身造型风格上来。

图1-22　1957年的克莱斯勒·迈堤

(五)鱼型汽车

船型汽车的尾部过分向后伸出,形成阶梯形状,在汽车高速行驶时就会产生较强的空气涡流作用。涡流这一现象存在于各种流体运动中,水中的涡流我们可以经常看到,而空气中的涡流就不容易真实地看到了。涡流造成前后压差很大,汽车要付出很大的能量来克服它。为了克服这一缺陷,人们把船型汽车的后窗玻璃逐渐改为倾斜,倾斜的极限就发展成为斜背式造型。由于这种斜背式汽车的背部很像鱼的脊背,所以这类车被形象地冠以"鱼型汽车"的称呼。

一般认为,1952年美国通用汽车公司别克部生产的别克牌小轿车(图1-23)开创了鱼型车的时代。鱼型汽车和甲壳虫型汽车是很相似的,因为,鱼型汽车是由船型汽车演变而来,所以基本上保留了船型汽车的长处,其各种优良的性能,使得鱼型汽车得以迅速发展,图1-24所示为1963年雪铁龙DS19鱼型车。

图 1-23　1952 年别克轿车

图 1-24　1963 年雪铁龙 DS19 鱼型车

虽然鱼型汽车具有一些船型汽车不可比拟的优点,但是鱼型车的后窗玻璃倾斜得过于厉害,致使玻璃的表面积增大了1~2倍,强度有所下降,产生了结构上的缺陷。特别是在日光充足、照射强烈的夏季,大量阳光从大面积的后窗射入车室内,会使车内温度急剧升高,这使得车内的各种设施要承受高温的破坏,乘员的乘坐舒适感也大大降低。此外,鱼型车还存在着一个潜在的重大缺点，就是面对横风的不稳定性。鱼型车对横风的不稳定性是不同于甲壳虫型汽车的。甲壳虫型汽车是由于发动机后置导致整车重心偏后，而横风的风压中心偏于本身的重心之前，所以在高速行驶时如果遇到强劲横风，就会偏离行驶路线；而鱼型汽车的发动机是前置的，车身重心也相对前移，一般来说，横风的风压中心和车身的重心较为接近，但由于鱼型汽车的造型关系（车身的横切面近似飞机翼的断面），在高速行驶时会产生浮升力，致使车轮与地面的附着力减弱，车轮"发飘"，从而抵挡不住横风的吹袭，发生偏离路线的危险。

鉴于鱼型汽车的这一缺点，设计师和汽车制造商们想了许多办法来加以克服，例如改成短尾汽车，但车室也相应变得狭窄，所以很不实用。后来，经过仔细研究和反复设计，人们在鱼型汽车的尾部安上了一个上翘的"鸭尾巴"，以此来克服一部分空气的升力，这便是"鱼型鸭尾式"车型，代表车型如 1967 年的福特野马（图 1-25）、保时捷 911（图 1-26）等。

图 1-25　1967 年的福特野马

图 1-26　1972 年保时捷 911 卡雷拉 RS2.7

鱼型汽车的造型,形态较船型车简洁,表面更加光滑平整,线条更加流畅,造型更具有动感,室内空间增大,乘坐更为舒适。

(六)楔型汽车

虽然"鱼型鸭尾式"车型部分地克服了汽车在高速行驶时空气所产生的升力,但还不是最完美的设计。为了从根本上解决因采用鱼型结构而带来的升力问题,人们进行了反复的探索,最终找到了楔型造型。

最早按"楔型"设计的小轿车是美国1963年生产的司蒂倍克·阿本提(图1-27)。阿本提与克莱斯勒"气流"型小轿车的命运极为相似,尽管楔型造型获得了专家们的高度评

图1-27　1963年阿本提

价,但在市场销售中却一败涂地。不过,真正优秀的设计是不会被埋没的,这也是贯穿于整个人类社会发展史的真理。司蒂倍克·阿本提的楔型设计于1966年和1968年分别被奥兹莫比尔(图1-28)和凯迪拉克(图1-29)采纳、继承、发展。奥兹莫比尔在1985年达到了创纪录的百万辆销售成绩,仅次于雪佛兰和福特位列全美销售榜的第三位。而凯迪拉克因为融汇了百年历史精华和一代代设计师的智慧才智,至今仍是汽车家族中的高端品牌。

图1-28　1967年奥兹莫比尔

图 1-29　凯迪拉克·埃尔多

　　1971 年,大名鼎鼎的意大利设计公司博通操刀设计了玛莎拉蒂·非洲热风(图 1-30)。它成为当年最出名的楔型汽车,最高设计时速为 285km/h。

图 1-30　玛莎拉蒂·非洲热风

　　意大利兰博基尼跑车(图 1-31)就是典型的楔型造型,其直线条的造型给人以单纯的美感。兰博基尼·雷文顿最高设计车速达 350km/h,零到百公里加速仅需 3.4s。

图 1-31　兰博基尼·雷文顿

　　研究楔型结构可发现,汽车造型设计师们既考虑到流体力学问题,又兼顾到乘员乘坐的舒适性问题。

楔型造型对于目前的高速汽车来说,无论从造型的简练、动感十足方面,还是从它是对空气动力学最合理的体现方面,都比较符合现代人们的主观要求,更接近于理想的汽车造型。不仅气动性能好,而且形态简练、线条流畅,前低后高的楔型极具动感,符合现代人们对速度感和简洁形式的审美追求。

楔型造型首先在跑车及赛车上得到广泛应用。由于赛车首先考虑流体力学等问题对汽车的影响,把乘坐的舒适性作为次要因素考虑,因此车身可以完全按楔型制造(图1-32、图1-33)。

图1-32　保时捷911型超级跑车

图1-33　兰博基尼康塔什超级跑车

(七)子弹头型汽车

汽车外形发展到楔型以后,人们又从改变轿车的基本概念上做起了文章。于是,一种新型的多用途轿车——MPV问世(图1-

34）。由于这种车的造型酷似子弹头，因此我国俗称为"子弹头"型汽车。这种现代厢式旅行车改变了人们对于家庭用车和商务用车的概念。

图1-34　MPV（多用途轿车）

子弹头型汽车的造型，整体形态简练，外形圆滑，风阻系数小，线条流畅、动感性强，具有鲜明的时代气息和时尚风格，子弹头型轿车一问世就受到消费者的青睐。

纵观汽车造型的发展，可以看出其一直是在围绕着"高速、安全、舒适地行驶"这一主题进行的，其造型越来越注重艺术性和文化性。汽车造型的发展史，是一部人类设计风格和时代文化精神的发展史。

第三节　汽车造型的风格特征

一、车身侧面造型风格的比较研究

无论是法国车、德国车、日本车还是美国车，它们各自的车身造型都深深地反映出各自国家的造型风格。

（一）美国车身造型

美国车身造型突出的特点是线条硬朗、干净利落。在20世纪 80 年代,典型的美国车是又宽又矮的长盒子形象,而现在的车身造型虽然增加了现代感,但依旧保持了有棱有角的传统风格,即使是流线型的车身造型,在其车身侧面腰线、面与面的交接位置也会出现明显的棱线(图 1-35)。

图 1-35　美国车身造型

(二)法国车身造型

法国全部车系的特征都非常统一,外形动感时尚,充满活力,散发着法国的浪漫风情。线条饱满圆润,同时具有力度大、跨度大、弧度大的特点,有很好的张力,整体感强,形象鲜明。

车身侧面线条具有张力,充满动感又具有向前冲的气势。法国车身表面具有锋利的棱线,体现现代的简约几何曲面风格。线条流畅而又突破了传统的流线美感,更加具有时代气息。法国车侧线多数比较平滑,腰线非常平直,从前轮拱贯穿两个门直到后尾灯,使得车身线条干净整洁,毫无拖泥带水的感觉(图 1-36)。

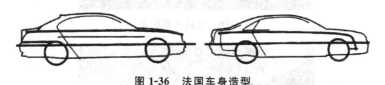

图 1-36　法国车身造型

(三)德国车身造型

德国汽车造型风格的显著特点是稳重大气。车身侧面的特征线都是接近水平的线条,车顶也是较平缓的曲线,整车显得非常沉稳,而且腰线较高,车身侧面很整而且较平,使车显得十分厚重(图 1-37)。

德国各汽车公司的车型在造型语言上又各有自己的特点。宝马 7 系(图 1-38)在侧面有一条水平的棱线,后备箱是独特的鸭尾设计,箱盖与翼子板不是一个平滑的曲面连接。

奥迪 A8 轿车(图 1-39)独特的后三角窗设计是比较独特的,其侧面腰线一直向前向后延伸,与车灯的分型线和保险杠分型线一起形成一个环形。

奔驰 S 级轿车(图 1-40)相对显得年轻和动感,腰线是一条很有张力的弧线,从前大灯一直延伸到尾灯,后门分型线也是一条曲折的弧线。

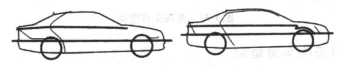

图 1-37 德国车身造型

图 1-38 宝马 7 系轿车

图 1-39 奥迪 A8 轿车

图 1-40 奔驰 S 级

(四)日本车身造型

日本汽车车身造型风格具有简洁的整体、精致的细节这一特点。基本上车身几条微妙的主线就确定了整车的基调。车身侧面的腰线基本上是连续流畅的线条,前脸及尾部的型线和分型线等也都十分流畅,并且连续相接,整车的线和面在总体感觉上浑然一体,给人一种流畅的速度感以及顺滑的感觉(图 1-41)。

图 1-41 日本车身造型

二、车身正面及后面造型的比较研究

以下是关于法国、美国、德国、日本典型汽车车身正面和后面处理关系的比较。

(一)法国典型车身正面及后面造型

法国车前脸的造型特点是大灯形状多以猫眼状、水滴形或多棱线为主,大灯形状正面看扁平居多,进气栅格一般与大灯直接相连,开口式样比较大,进气栅格中间用汽车标志分割开来,标志一般在进气栅格正中,如雷诺、标志的车型。保险杠一般较大而且一体化。法国车尾部的整体特点是加大后挡风玻璃的比例。富于变化的后车灯造型独特并且所占比例较大,突出其灵动的造型特点(图1-42)。

图1-42　法国车身正面及后面造型

（二）美国车身正面及后面造型

美国典型汽车具有与法国车相似的前脸布局与前大灯造型,传统的前进气格栅:倒梯形、三横幅式。发动机盖与前翼子板转折很突然,交接处一般有一条较硬的棱线,从前灯延续到A柱,使全车显得硬朗有力,这应该是美国轿车一个很显著的共同特点。美国汽车尾部一般具有经典的三角形尾灯(图1-43)。

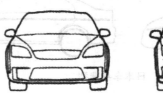

图1-43　美国车身正面及后面造型

（三）德国车身正面及后面造型

德国的典型车身流畅的线条特别优雅大方,外观上采用了明朗的线条造型,突出力量感,一般正面的前脸设计会使用大尺寸的直瀑式前进气格栅设计,在格栅加入了部分其他元素,彰显其品牌身份,椭圆形大灯加入,共同演绎其前部总体造型。车身后面的造型源于大灯的线条向后一直延伸,沿着修长的前引擎盖,一直通至车辆后部,清晰的线条与韵律带来的是和谐与流畅。比如帕萨特领驭的尾灯造型体现了具有中国传统的"体圆而法方,背阴而抱阳"的和谐之美。外部的光亮式灯罩和内部的环形造型,使得尾灯晶莹剔透,宛如两颗明珠。

德国车没有日本车的小巧精致,没有美国车的豪华气派,没有法国车的时尚前卫,但却自成一派,形成了鲜明的形象识别。这种硬朗且传统的设计风格造就了德国汽车沉稳低调、相对保守的外形。

(四)日本车身正面及后面造型

日本的典型汽车造型对车身的头部和尾部如进气口、前大灯、尾灯、后视镜等细节的处理都比较平顺、流畅,没有突然的变化,面与线的衔接处理手法比较传统(图1-44)。

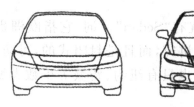

图1-44 日本车身正面及后面造型

第四节　汽车造型的分类及造型结构特点

汽车按用途的不同可分为运输汽车和特种用途汽车两大类。不同类型的汽车造型及造型结构特点也各不相同。

一、运输汽车

(一)老爷车

所谓"老爷车",通常泛指早期使用至今仍可使用的老式汽车(图1-45)。美国老爷车俱乐部(The Classic Car Club of America)把其拥有的品牌或车型(如1925—1948年间生产)列为完全古典车(Fullclassic),其取向偏好美国品牌,欧洲产品则有沧海遗珠之憾。早期的老爷车受工艺限制,外形有大量的装饰性特征。

图 1-45　劳斯莱斯老爷车

(二)轿车

早在汽车发明之前就有"Sedan"一词,它指欧洲贵族乘用的一种豪华马车,不仅装饰讲究,而且是封闭式的,可防风、雨和灰尘。18世纪传到美国后,也只有纽约、费城等少数大城市中的富人才有资格享用。

中国古代早有"轿车"一词,是指用骡马拉的轿子。当西方汽车大量进入中国时,正是封闭式方形汽车在西方流行之时。

按照外观特点轿车主要分为以下几种类型。

1.四门轿车(Sedan)

四门轿车是轿车最普通的形式,设有四扇门(左右两侧各两扇)和两排座位,较舒适的座位在前排,其外形特点是明显地分成头部发动机舱、中部乘客舱、尾部行李舱三部分。随着空气动力性能的研究日益深入,这种车型的头部尽量低矮,

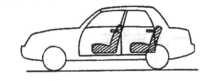

图 1-46　四门轿车

尾部加厚加高,而且后挡风玻璃的斜度趋于平缓,腰线前低后高,形成所谓的"半斜背式"形状(图1-46)。

2. 双门轿车(Coupe)

双门轿车设有两扇门(左右侧各一扇)以及两排或单排座位,较舒适的座位在前排,它有一种形式几乎与四门轿车完全相同,区别仅在于门数,而另一种两厢式轿车,通常带有上掀式的背门。双门轿车经常设计为高档汽车(图 1-47)。

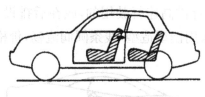

图 1-47 双门轿车

3. 高级轿车(Limousine)

高级轿车区别于其他轿车的重要特点是主座在后排,有的设两排座位,有的设三排座位,有的还将中部加长,在驾驶员与乘客之间设有隔离板。高级汽车的结构、性能和造型要求极高,车内设施豪华奢侈(图 1-48)。

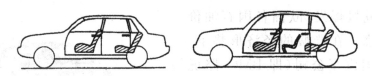

图 1-48 高级轿车两排座位与三排座位

4. 敞篷车(Convertible)

敞篷车供短途旅游观光用,通常采用可折叠的软篷,也有采用可拆卸硬顶或可收入行李箱的顶篷的。敞篷车有四门和两门之分(图 1-49)。

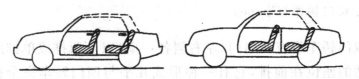

图 1-49　四门与两门敞篷车

5.跑车（Roadster）

跑车是专门设计供高速行驶用的,或在后排设置加座,汽车的动力性能较好,通常采用楔型造型,线条圆润流畅,价格高昂(图 1-50)。

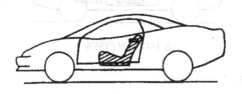

图 1-50　跑车

6.迷你车（MINI）

"迷你车"(MINI)通常是指车身短、外形小、百公里油耗在 3.5L 以下的微型轿车。1956 年苏伊士危机爆发,欧洲各国石油价格猛涨。在严峻的经济形势下,原英国汽车公司(即 BMC,路虎汽车公司的前身)决定设计一种燃料经济性好的微型轿车,以满足广大普通民众的需求。阿历克·埃斯戈尼斯大胆选择了新的设

图 1-51　奇瑞 QQ

计方案,汽车布置形式为发动机前置、前轮驱动,这是最早的迷你车。我国有名的迷你车有奇瑞 QQ(图 1-51)等。

7.运动车（Sport Car）

运动车是一种双座车,没有门窗的侧围,便于上下车跨越,这

种车不用作运输,专供休闲游玩或比赛。这种车加速性好,速度快,发动机功率大,是专供驾驶娱乐的一种轿车。它们深受车迷和年轻人喜爱,但价格十分可观(图 1-52)。

图 1-52 运动车

(三)多用途汽车(MPV)

多用途汽车也称为多功能汽车,俗称"子弹头",有时为了运送更多的人或货物,汽车需要更大的空间,在宽敞的车内可灵活改变空间以供多用(图 1-53)。1985 年法国雷诺汽车公司推出单厢式 Espace 多用途汽车,是一种前排座椅可以 180°旋转的车型。

目前这种车型也有小型化的趋势,即 MINI MPV。这种车造型可爱、时尚,品质可靠耐用,售价也比较低廉,在国内有很多家庭和做生意的人选用这种车。江西昌河北斗星(图 1-54)是 MINI MPV 的典型代表。

图 1-53 MPV

图 1-54 江西昌河北斗星

(四)休闲汽车(RV)

RV(Recreational Vehicle)是休闲娱乐用车。20 世纪末以来,RV 车逐渐盛行,它不是某个特定车种,而是一种概念、风潮,是针对休闲娱乐相关车种的泛称。这种汽车能应付各种路面状况，使驾驶者享受无负担的驾驶乐趣，不但符合个人追求独立自主的冒险形象，还能同时兼顾家用。

RV 的覆盖范围比较广泛，没有严格的范畴。从广义上讲，除了轿车和跑车外的轻型乘用车，如 MPV、SUV、CUV 等都可归属于 RV。宝马 BMW X5 就是一款相当出色的 RV。

(五)运动型多用途汽车(SUV)

运动型多用途汽车(Sports Utility Vehiles，SUV)是指造型新颖的三轮或四轮驱动越野车，它不仅具有 MPV 的多功能性，而且有越野车的越野性，同时还有休闲车的可爱模样。这类车既可载人又可载货，行驶范围广泛，驱动方式为三轮或四轮驱动。SUV 没有明确的概念，有时很难断定某辆车是 SUV、越野车还是休闲车，甚至在美国有把 SUV 作为休闲车的叫法(图 1-55)。

图 1-55　SUV

(六)旅行车(GT)

旅游车实际上是专为旅游观光而设计的客车，又称为房车。因此，上述各种客车均可专为旅游目的改装为旅游车。旅游车一般有可调式座椅和空调、视听设备等，有的还有厨房、卫生间、卧室等。这类汽车通常具有外形美观、内饰讲究、车厢宽敞、视野开阔、振动和噪声小、不载站立乘客等特点。

(七)皮卡(轿货车)

"皮卡"一词由英文 Pick—up 音译而来。皮卡又称"轿货车",它是以轿车基本型改成的客货两用的、敞开货箱的运输车型。它只保留轿车车头及驾驶室,前半截与轿车一样,后半截则为敞开式货箱。皮卡分为单排、双排和厢式 3 种。

(八)公共汽车

公共汽车又称为"巴士"(Bus),也称为客车。巴士最早是公共马车的名字,最早出现于 19 世纪初的巴黎。客车是载运较多人员及随身行李(或货物),有 9 个以上座位的供公共服务用的汽车。客车可按其总质量、总长度等规格分为小型、中型、大型、铰接式和双层客车等类型。

如果细分客车,则主要包括以下 7 种。

1. 长头客车(Normal Controlled Bus)

长头客车是利用长头货车改装的,由于面积利用较差而逐渐淡出人们的视野。这种形式的头部与宽大的后部在造型上很难连续过渡,整体感较差,而且头部还限制了前挡风玻璃和侧窗玻璃的进一步扩大。这种车的最大优点是安全性比较高,在国外很多校车都是长头客车(图 1-56)。

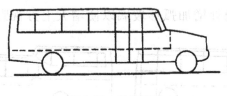

图 1-56 长头客车

2. 城市客车(Urban Bus)

城市客车需要满足经常停站、乘客上下频繁、车厢内便于乘客流动等要求。这种客车的客门数目较多且较宽大,地板离地较低,车内坐席较少而站席较多,侧窗上缘较高,以便站立的乘客能看到街道和站牌名(图1-57)。

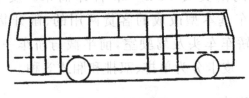

图 1-57　城市客车

3. 长途客车(Intercity Bus)

可以只设一个车门,车内不设站席,通道较窄,座位宽度较大较舒适,车身两侧下部设有若干个行李箱。这种车型通常采用后置发动机,使得车头的造型较为自由(图1-58)。

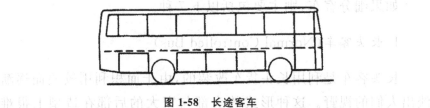

图 1-58　长途客车

4. 游览客车(Touring Bus)

游览客车专供旅行游览用,可算是长途客车的一种形式,但在两个侧围可以不设行李箱,其最大的特点是增大玻璃的面积以便观光,车顶两侧拐角处增加弧形玻璃以便增大上方视野(图1-59)。

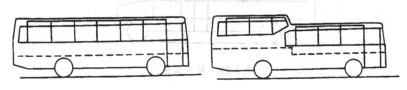

图 1-59　两种游览客车

5. 轻型客车(Light Bus)

轻型客车是指总长度不超过 7m 的客车,较小的可乘坐不到

10 人,较大的可乘坐 20 余人,有的在市内营运的轻型客车还设有站席,其类型较多,造型也各异。此种客车在我国俗称"中巴"或"面包车"。由于其形体和尺寸比中型客车小,其客车设计造型可以模仿轿车(图 1-60)。

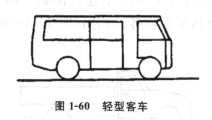

图 1-60 轻型客车

6. 铰链式客车(Articulated Bus)

铰链式客车适于在大城市中运送较多的乘客,通常是城市客车(单体车)的变形车,造型与单体车大致相同。这种汽车虽然长度较大,但由于中部折叠的分隔,动感反而不如单体车(图 1-61)。

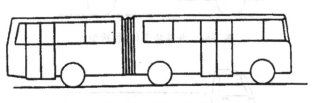

图 1-61 铰链式客车

7. 双层客车(Double Deck Bus)

主要用于西欧(特别是英国),其优点是容量大,比铰链式客车的机动性好而且占地较小。这种汽车侧面的动感较差,正面的稳定感也比较差,给造型带来困难(图 1-62)。

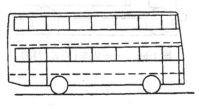

图 1-62 双层客车

(九)货车

货车是载送货物的汽车,在其驾驶室中还可容纳少量人员。货车的造型重点在驾驶室和头部(车前板制件),其后部各种形式的货箱也应尽量与驾驶室的线型连贯协调。由于货物的种类繁多,货车的装载量和车型也各不相同(图1-63～图1-77)。

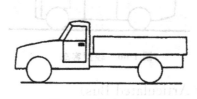

图1-63　长头式货车

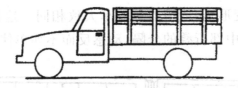

图1-64　长头货车(高栏板型)

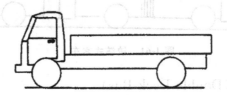

图1-65　平头式货车(开式货箱)

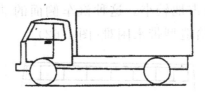

图1-66　平头货车(闭式货箱)

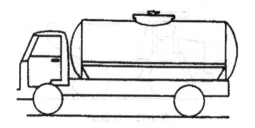

图 1-67 罐车

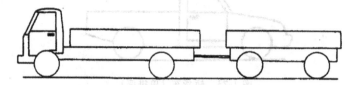

图 1-68 货车与挂车

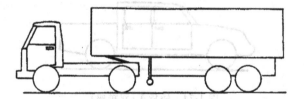

图 1-69 拖车与挂车

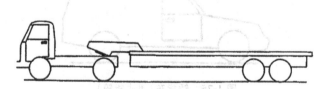

图 1-70 拖车与平板车

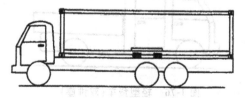

图 1-71 集装箱运输车

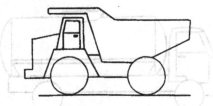

图 1-72　自卸车

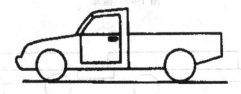

图 1-73　轿货车（单排座）

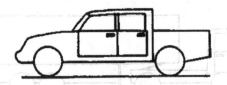

图 1-74　轿货车（双排座）

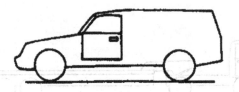

图 1-75　轿货车（闭式货箱）

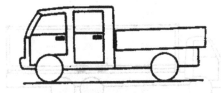

图 1-76　轻型货车（双排座）

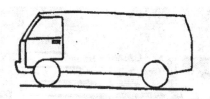

图 1-77 轻型货车（厢式）

二、特种用途汽车

特种用途汽车是指用于各类装载油料、气体、液体等的专用罐车；或用于清障、清扫、清洁、起重、装卸（不含自卸车）、升降、搅拌、挖掘、推土、压路等的各种专用机动车；或适用于装有冷冻或加温设备的厢式机动车；或车内装有固定专用仪器设备，从事专业工作如监测、消防、运钞、医疗、电视转播、雷达、X 光检查等的机动车；或专门用于牵引集装箱箱体（货柜）的集装箱拖头。特种用途汽车主要执行运输以外的特殊任务，为此常装设不同的专用设备。

特种用途汽车包括建筑工程用车，如起重车（图 1-78）、挖沟车、埋管车、混凝土搅拌车等；还包括市政和公用事业用车，如清扫车（图 1-79）、医疗车（图 1-80）、消防车（图 1-81）、流动售货车等。

图 1-78 起重车

图 1-79 清扫车

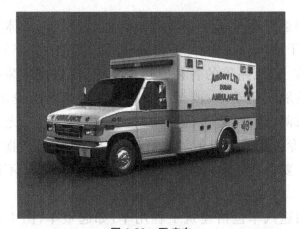

图 1-80 医疗车

图 1-81 消防车

第二章 影响汽车造型的因素

汽车造型的设计,需要结合当下流行的设计外观以及注入未来设计走向的基本元素。其中,构成造型的基本要素应该做到相互影响、相互促进、相互制约。本章我们重点论述的就是影响汽车造型的因素,主要包括三个方面的内容,即汽车内部结构与造型解析、影响汽车造型的工程技术因素、影响汽车造型的人文艺术因素。

第一节 影响汽车造型的工程技术因素

一、汽车发动机技术

发动机主要是由两大机构五大系共同组成的。两大机构主要包括曲柄连杆机构和配气机构(图2-1)。五大系主要包括燃料供给系、冷却系、润滑系、点火系、起动系。

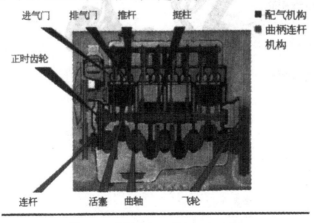

图2-1 曲柄连杆机构与配气机构

(一)两大机构

1.曲柄连杆机构

曲柄连杆机构是保证发动机顺利实现工作循环,完成能量转换的非常重要的运动零件。它主要是由机体组、活塞连杆组以及曲轴飞轮组等组成的。

2.配气机构

配气机构通常都是依据发动机的工作顺序及其工作过程,定时开启与关闭进气门与排气门,使可燃混合气或者空气进入汽缸中,并让废气从汽缸内排出来,进而完成换气的过程。进、排气门的开闭主要是由凸轮轴控制。凸轮轴主要由曲轴通过齿形带、齿轮或者链条驱动。进、排气门与凸轮轴以及其他的一些零件共同组成了配气机构(图 2-2)。

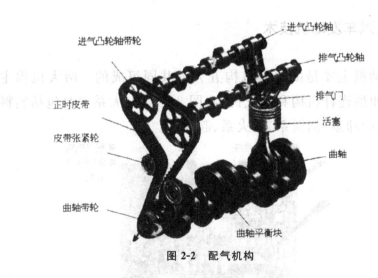

进气凸轮轴带轮　进气凸轮轴　排气凸轮轴　排气门　活塞　曲轴　正时皮带　皮带张紧轮　曲轴带轮　曲轴平衡块

图 2-2　配气机构

(二)五大系

1.燃料供给系

汽油发动机燃料的供给系的主要任务就是根据发动机各种不同工况的相关要求,配制出来一定数量以及浓度的可燃混合气并供入汽缸,使其可以在临近压缩终了时点火燃烧,膨胀做功。最后,供给系统还需要把燃烧产物——废气排入到大气中。

燃油供给系统主要是由油箱、油管、燃油泵、燃油滤清器、燃油压力调节器、喷油器、冷起动喷油器、油压脉冲衰减器等多个工作组件所构成的(图2-3)。

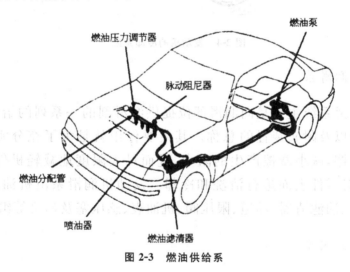

图 2-3　燃油供给系

2.冷却系

汽车冷却系的主要功用就是把受热零件吸收的一部分热量及时地散发出去,以充分保证发动机在最恰当的温度条件下稳定地工作。

发动机的冷却系主要分为风冷与水冷两种方式。以空气作为冷却介质的冷却系就是风冷系;以冷却液作为冷却介质的称为水冷系。水冷系通常是由水箱、水泵、散热器、风扇、节温器、水温表与放水开关共同组成。汽车发动机大多都是采用水冷系工作的(图2-4)。

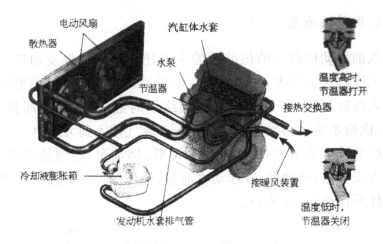

图 2-4　发动机的冷却系统

3.润滑系

润滑系统主要是向润滑部位提供润滑剂的一系列的给油脂、排油脂以及附属装置的总称。其主要作用就是为了充分实现液体的摩擦,减小摩擦产生的阻力,进而最大限度地减轻机件的磨损,并对零件表面进行清洗和冷却。发动机润滑系由机油泵、集滤器、机油滤清器、油道、限压阀、机油表、感压塞及油尺等组成。

4.点火系

在汽油发动机工作过程中,汽缸中的可燃混合气主要是依靠电火花点燃工作的,为此,在汽油发动机汽缸盖上通常都会装上火花塞,火花塞的头部伸入到燃烧室内。可以按时在火花塞的电极之间产生电火花的全部设备叫做点火系,通常是由蓄电池、发电机、分电器、点火线圈以及火花塞等组成的(图2-5)。

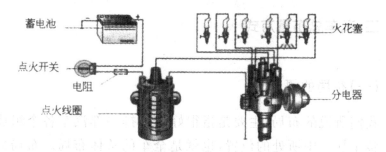

图 2-5　点火系

火花塞通常都有一个中心电极以及一个侧电极,两电极之间是绝缘的。

5.起动系

要让发动机从静止的状态发展到工作的状态,必须要先用外力使发动机的曲轴转动起来,让活塞可以做往复运动,汽缸中的可燃混合气燃烧膨胀做功,推动活塞向另一端运动可以让曲轴实现旋转,发动机才可以很好地自行运转,工作循环才可以自动进行。所以,曲轴在外力的作用下开始转动到发动机开始自动地怠速运转的整个过程,称为发动机的起动。完成起动的过程需要的装置,被人们称为发动机的起动系(图 2-6)。

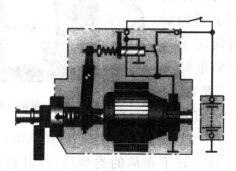

图 2-6　发动机的起动系

二、汽车总布置方式

(一)布局的概念

我们所说的布局,主要是指很好地安排一部汽车各个组成部分在整车加工中所处的位置,也就是全车的整体布局。布局方案通常都是由总工程师所决定的,但是对车身的造型设计师而言,很好地去理解甚至能够具备一个非常确定的总体布局能力也非常重要,这也是由于和其他的工业产品比较而言,汽车构造的复杂性和变化性要大很多。因此,汽车造型设计师一定要具备一种非常清晰和明确的布局观念,才可以设计出具有十分优秀功能性的汽车外形。实际上,很多具有突破性的布局设计方案都是由造型设计师在概念设计阶段所构想出来的。

(二)布局元素

一辆汽车的布局元素通常都会包括发动机、传动系统、座舱、行李舱、油箱、备胎等,其中前三者:发动机、传动系统和座舱的大小、形式等因素在很大程度上就决定了汽车的布局,是汽车布局的"三要素",根据"三要素"就能把布局方式分成前置引

图 2-7 某车的布局

擎前驱(FF)、前置引擎后驱(FR)、中置引擎(MR)以及后置引擎(RR)四大类型。确定好了布局的类型之后,其他的部件就能够采用见缝插针的基本设计原则进行布置。一个非常优秀的布局方案同样也应该在使各个部件工作良好的基础上,充分满足客户应有的使用功能(如载人、运货、越野等),如图 2-7 所示就是某车的布局。

三、汽车空气动力学

(一)完全气体状态方程

密度、压强(工程上也称压力)以及温度是表征流体状态最重要的三个基本参数。

大量试验的结果充分表明,气体的密度、压力以及温度三者之间并非是相互独立,而是存在着一定的关系。如果气体分子的体积以及分子之间的作用力能忽略不计,则可以视作气体,三者之间的关系可以用气体状态的方程表示出来:

$$p = \rho RT$$

式中:p 为气体压力,N/m^2 或 Pa;ρ 为气体密度,kg/m^3;T 为热力学温度,K;R 为气体的常数,$J/(kg \cdot K)$,不同的气体具有不同的 R 值,空气属于混合气体,$R = 287J/(kg \cdot K)$。

路面上行驶的汽车(包括赛车)能够达到的最高速度都是低于音速1/3的。空气中的音速 $c = 340 \text{ m/s} = 1224 \text{ km/h}$。从零到音速的速度范围中,流场中的压力以及温度的数值变化是很小的。相应地,密度的变化则能被忽略掉,所以也可认为空气是不可压缩的,其密度也是不变的。依据美国的标准,在海平面条件下[$p = 101.325 \text{ kPa}$,$T = 288 \text{ K}(15℃)$],大气密度 $\rho = 1.2258 \text{ kg/m}^3$。

(二)气体的黏性

流体具有可以阻抗各层间相对滑动的性质,称之为黏性。完全不具备黏性的流体则可以称为"理想流体"。真实的流体黏度通常都是在有速度梯度的平面之内产生摩擦阻力的物理原因,它主要是由流体内部的分子摩擦形成的,充分表明了相对于速度梯度产生的动量变化(图 2-8)。

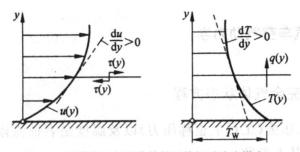

图 2-8　固体表面与流体接触处的相对速度梯度

根据平行于平面流的牛顿定律,有公式

$$\tau = \mu \frac{\mathrm{d}u}{\mathrm{d}y}$$

式中:τ 为切应力,N;μ 为黏度,Pa·s 或 N·s·m^{-2};$\frac{\mathrm{d}u}{\mathrm{d}y}$ 为速度梯度,m^2/s。

比例常数 μ 称为动力黏度(简称黏度),是一个由试验决定的常数,它只与流体的种类及温度有关,而与压力无关。上述的式子也可以称为黏性定律。对于气体,μ 只和温度有关。

(三)伯努利压力平衡原理

根据伯努利(Bernoulli)原理,气流的静压强 p 与动压强 p_q 之和应该是常数,则有

$$p + p_q = p\frac{\rho}{2}v^2 = H(常数)$$

式中,v 为空气流速,m/s;ρ 为空气密度,kg/m^3。

在标准大气压($P_{h0} = 101.325$ kPa)下、15℃ 时,$\rho_0 = 1.2258$kg/m^3;在其他情况下,空气密度可按下式计算:

$$\rho = \rho_0 \frac{h}{T}\frac{288.15}{101.325} = 3.486\frac{h}{T}$$

式中:h 为大气压,kPa;T 为绝对温度,K。

上述的式子充分表明,当某处气流速度 v 改变时,此处的静压强 p 也必将改变,而压强总和 H 不变。常数 H 可由汽车较远前方处气流状态求得。

(四)空气的黏滞阻力

空气是有黏度的。移动物体时,会带动表面的空气分子运动,由近及远,分子运动由快到慢,直到流速为零。这个气层叫做边界层,气层内气流速度的变化叫做速度梯度。

当速度梯度不大时,该层内气流能够保持平行相对运动的状态,这一边界层称为层流。当速度梯度大到一定程度后,各层之间的气流分子出现跨层运动,层流被破坏,形成湍流。湍流对运动物体表面的黏滞阻力比层流更大。

黏滞阻力的大小与运动物体的表面性质有关。如汽车车身表面的任何小的凹凸变化,如风窗胶条、后视镜等都会形成湍流,从而形成较大的黏滞阻力。

(五)气流分离与旋涡

当运动物体通过流动介质的时候,会造成气流的边界层在适当的位置剥离物体表面,并在与物体表面之间的区域形成负压区,周围的空气会涌进来填补,便产生气流的旋涡,又称尾涡。尾涡区的空气密度较低,对运动的物体具有阻碍作用(图2-9)。

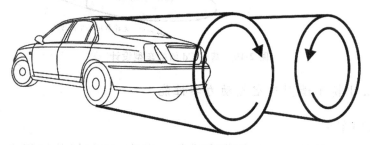

图2-9 汽车的尾涡

(六)符合空气动力学的汽车形态

1. 风阻系数小的"理想类车形体"

研究空气动力学的目的是希望飞行器或车辆能够最大限度

地克服空气阻力,从而获得较高的运动速度和较小的能源消耗。

Cd值是衡量空气动力学性能好坏的首要标准。地面效应对车辆也有影响。根据这些影响,可在考虑以下的说想状态的基础上进行设计(图2-10)。

(1)没有轮子的"理想类车形体";

(2)增加轮子后的"理想类车形体";

(3)截尾流线体;

(4)基面阻力。

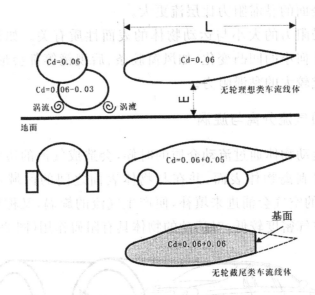

图 2-10　基于 Cd 值的车型设计

2.小轿车造型与空气动力学性能

(1)车头。

1)车头形状。车头部都有进气口分布,也包括前灯组合以及保险杠等多个组件。车前的静止空气在车头方向被上下左右排开。绕过了车头部的转角气流一般都会在前发动机盖前部以及前轮前部形成一定的气流分离。通常而言,越平整、圆滑的车头部,越对减少风阻系数有利。

2)车头下阻流板(气坝)。主要的目的就是让正面的气流形成一种向下的压力,以便能够增加前轮对地面的附着力。此外还有两种主要的作用,即增加由阻流板产生的风阻系数以及减少整车的风阻系数。

(2)前风窗。风洞实验研究发现,前风窗角度对风阻系数以及升力大小都会产生比较大的影响。风窗和地面之间的角度并非是越小越有利于减少阻力系数,而是有一个最佳值。

三菱公司做的风洞实验已经确认,这个最佳值为30°,而美国的汽车工程师协会 SAE810185 标准确认这个最佳值是28°。

(3)车顶。车顶曲线高一些可以在一定程度上降低 Cd 值,但是因为正投影面积相应增加,同样也会增大迎风的阻力。

(4)后风窗。从减小风阻系数方面来看,三厢车的车顶不可以延长至车尾位置,而应该在恰当位置向下折到后厢面上。车顶和两侧的层流同样也被人为地提前分离,进而就能将尾流区域扩大至后窗的后面。

近年来,三厢车尾部变化的趋势主要是后窗和水平面之间的交角正在变小,后窗向后一直伸展至后备箱中部。后备箱在这里也变得越来越短与高。

后窗和水平面之间的交角也并非是越小越好。对三厢车而言,后窗和水平面之间的夹角与 Cd 值之间存在较复杂的关系。

(5)后备箱。

1)后备箱的高度。$Z<100mm$,Cd 值≈0.4,

$Z\rightarrow150mm$,Cd 值$\rightarrow0.37$,

$Z\rightarrow400mm$,Cd 值一直不变。

$Z>400mm$,Cd 值上升,但上升速度慢。

2)后备箱形状。非常尖锐的后备箱尾部转角非常有利于顶面与两侧气流的分离,使车后可以形成一个相对较为稳定的尾流区。

(6)溜背车的后窗。溜背车,也可以被叫做斜背车或鱼型车,主要是指倾斜的后窗直接能够延伸至车尾的尾部造型。这种尾部造型被人们认为具有比三厢车更好的空气动力学性能。20世纪 70 年代时这种造型才开始出现。

(7)车后扰流板。在车后安装上扰流板的目的主要是解决整车造型不能获得使人满意的空气动力学效果过程的问题。车后扰流板一般情况下安装在后窗上沿或车尾上沿(后备箱)。

1)后窗上沿扰流板(鸭尾)。若鸭尾突出于车顶之上,可以有效地降低 Cd 值以及减小车辆后部的升力,特别是对后窗和水平面倾角大于 30°的车更有效,但是当接近 90°时,往往会造成车后尾流,搅起更多灰尘。

若鸭尾水平或者低于车顶,通常都会在扰流板后方形成一个小而静止的气旋,从而让车顶过来的气流绕过扰流板贴着后窗滑向车的后下方,这能够显著地降低整车的 Cd 值,后窗的倾角同样也会在小于 30°时双降低 Cd 值特有效。

2)车尾扰流板。安装在适当位置和尺度的车尾扰流板通常都可降低 Cd 值。车尾扰流板应该做得小一些。

四、汽车人机工程学

(一)汽车人机工程学概述

汽车人机工程学是从 20 世纪 50 年代开始迅速发展起来的一门综合性的边缘学科,起源于欧洲,形成于美国,发展于日本,作为一门独立学科的历史已有 60 余年。

随着人机工程学的不断发展,其涉及的研究和应用领域不断扩大,以人为本的设计理念使得汽车设计中人机工程学应用越来越广泛。在汽车设计中人机工程学被称为车辆人机工程学,它是以改善驾驶员的劳动条件和车内人员的舒适性为核心,以人的安全、健康、舒适为目标,力求使整个系统总体性能达到最优。汽车的外观造型中,人机工程学的应用满足人的精神需求、心理需求,在内部设计中的人机工程学应用使得操控性能、乘坐舒适度大大增加,使人感受到舒适、安全与乐趣。

当代社会,"以人为本"的设计观念树立较晚,设计人员认为汽车的造型与实际功能设计应该优先于汽车内部的人机工程层面的设计,这有可能让乘客乘坐得不舒适或者在发生碰撞的时候产生更大的危害。在研发新车的过程中,近年来更多地遵循"由内到外"的设计程序,这种设计方法更为注重的是汽车内部空间的问题。例如,尺寸的大小、未来乘客年龄和他们的喜好姿势、视野以及活动的范围等多方面的细节,这些关注点有助于确定人们在车厢中所需要空间的大小,这就需要让车身的外部造型和人机工程学保持适应。车身的造型设计通常都会涉及人机工程学的基本内容,重点包括下列几个方面。

1.人机界面与驾驶员习惯相匹配

按照人体操纵的范围以及操纵力大小的测定,确定好各操纵装置(仪表板、方向盘等)的布置以及其使动力的大小,以便可以让人在操纵过程中变得迅速、准确、轻松,并且还可降低操纵疲劳度;通过对人眼的视觉特性、视野效果进行有效的研究,试验、校核驾驶员基本信息系统,保证驾驶员能够获得比较正确的驾驶信息,使驾驶员可以不出差错地完成驾驶任务。

2.安全性保护

安全性保护主要包括行车安全性保护和车内人员的安全性保护。例如,根据人体运动学的基本原理,研究汽车在碰撞时对车内和车外人体的合理保护,正确地确定好安全带的铰接点位置以及对人体产生的约束力。

3.汽车的道路交通适应性

应该将人-车-路当作一个系统进行研究,设计汽车的性能过程中不仅需要充分考虑到人的相关因素,如人体的尺寸、人的生理以及心理特征、人的习惯及其他的人和车之间的相互关系,还应该充分考虑到道路的交通特性。做到人—车—路系统的综合优化设计。一个比较成功的设计通常都需要在给定的约束（时间、成本、标准）条件下很好地完成对条件的协调工作。

（二）人机工程学的研究对象

人机工程学主要的研究对象为人-机-环境系统，简称人机系统。人机工程学不仅需要研究人-机-环境系统之间存在的各组成部分属性，更为重要的一点是需要着重研究人—机—环境系统的总体属性，以及人、机、环境三者之间存在的相互关系及其规律。

1.人机系统

主要是指"人"和所对应的"物"共处在同一个时间以及空间时所能够构成的系统。"人"主要指的是在所研究的系统中参与到系统过程的人；"机"主要泛指所有和人处在同一系统中，并和人交换相关信息、物质以及能量的、供人使用的物；"环境"主要是指"人"、"机"共处的、对"人"和"机"有直接或间接影响的周围外部条件。人机系统构成图如图2-11所示。

图2-11　人机系统构成图

2.人机界面

人机系统中，"人"和"机"之间可以相互施加各自的影响、实现相互作用的区域就是人机界面。根据人机界面的实际性质，可以把人机界面大体上分成三大类：控制系统人机界面、直接作用型人机界面、间接作用型人机界面。

3. 人机关系

人机关系一个最基本的原则，能够归纳为"机宜人、人适机"两个主要的方面。机宜人是有条件的，人适机同样也是有限度的，所以人机系统中的机宜人以及人适机都是相对的。任何一个人机系统不仅要做到机宜人，还应该做到人适机。按最优配置调整这种人机之间的相互匹配关系的一个最为根本的制约条件就是，人的可能性以及人的可靠性。

(三)汽车的 Package 设计

Package 设计通常会被直译作"包装设计"，主要是指将发动机等一些机械部分或者乘员与行李都包裹在内的壳体形状的确定。其概念和通常我们所说的"总体布置设计"非常接近，但是后者通常都是在传统的汽车设计过程中，更加偏重于车辆的底盘设计，而 Package 设计则偏重于车身的尺寸形状设计，它是汽车造型设计的重要基础。Package 设计通常都是依据人体测量学发展的技术去设定车内的空间尺度大小的，是人机工程学在汽车设计过程中充分发挥重要作用的具体体现（图 2-12）。

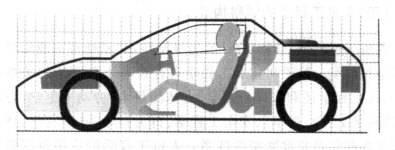

图 2-12　Package 设计模拟图

Package 设计主要包括下列几个方面的内容。

1. 确定车身的基本布局

普通车身空间无外乎载人载物，但是随着现代技术和人们的生活方式逐渐改变,各种用途的车在现代社会应运而生,对车身的空间内部设计分布也要求更加的合理,前后的载重差异对于车身的稳定性同样也提出了更高的要求,同时也为人们进一步提供了设计的自由度。例如,赋予了新职能的车,一般都会要求车内的空间不但要有驾驶区、乘坐区、载物区,更多的则是应该满足车内的特殊活动空间——如上网、就餐、办公等,这就极大地增加了汽车内部空间分布设计的难度。新的燃料电池平台技术取消了传统的内燃机汽车上必不可少的发动机、传动轴、变速器等多种零部件,进而极大地促进了汽车内部空间获得前所未有的自由度。

2.确定车身的基本尺寸

对于车身基本尺寸的确定同样也属于 Package 设计非常重要的任务,主要任务首先是确定驾驶员前后左右的视野,随后才是汽车造型设计的真正开始。美国汽车工程师协会(SAE)的设计标准逐渐得到世界认可,成为一种通用的标准,它是根据由世界各国积累起的丰富人体数据库建立起来的车用人体测量方法而设立的。

(四)人机工程学的学科构成

人机工程学是一门综合性的边缘学科,其基础理论通常涉及很多学科门类。除了和技术工程学科存在着十分密切的关系之外,人机工程学还和人体解剖学、人体测量学、劳动卫生学、心理学(特别是工程心理学)、安全工程学、行为科学、环境科学、技术美学等都存在着非常紧密的联系。人机工程学的应用范围非常广泛,从日常的生活用品到工程建筑领域,从大型的机具到高技术制品,从家庭活动到巨大的工业系统中,各个方面都充分运用了人机工程学的基本原理与方法,解决了许多人—机—环境之间存在的互相关系以及系统优化的理论问题。

人机系统的构成,能够分成人、机、环境三个主要的子系统。

在人—机—环境系统中,人、机、环境三者中的每一个子系统的功能都是由其自身的结构所决定的,三个交叉系统的功能通常而言也都是由各自的结构所决定的,而整个人—机—环境系统的功能,重点都是由人—机—环境系统的总体结构所决定的。根据系统学第一定律我们可以了解到,系统的整体属性并不等于部分属性的和,而是由系统的组织结构以及系统内部相互协同的作用程度来决定。所以,对人机工程来说,不仅需要对人、机、环境的每一个部分属性都做深入研究,还需要对人—机—环境系统的整体结构以及其属性做出相应的研究,以便能够达到整体优化的最终目的(图 2-13)。

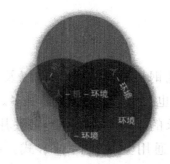

图 2-13　人—机—环境系统的整体结构

五、车身材料及成型技术

(一)钢材料

1.冷轧钢

冷轧钢板是冲压成型性和表面平滑度都较好的钢板。除强度要求较高以外,车身的大部分构件均可采用冷轧钢板。板厚大多为 0.5~1.8 mm,冷轧钢板分一般用、拉延用及深拉延用等。较常采用的是成本低的普通钢,但实践中还是要根据实际零件的形状 CAE 分析及冲试的结果,选定适当的材料。冷轧钢板的机械性能见表 2-1。

表 2-1　冷轧钢板的机械性能

种类记号		机械性能（板厚为 0.8mm 时）							
		屈服程度 /MPa		拉伸强度 /MPa		延伸率/%		平均塑性变形比	
		Min	Max	Min	Max	Min	Max	Min	Max
软钢板	JSC270C	135	255	270		39	48	1.2	
	JSC270D	125	215	270		42	51	1.4	
	JSC270E	120	195	270		44	52	1.6	
	JSC270F	110	175	270		46	54	1.8	
	JSC260G	100	165	260		48	56		

2. 热轧钢

热轧钢板比冷轧钢板的冲压成型性以及表面平滑度都要差很多，但是成本方面也要比冷轧钢板低很多。通常情况下，热轧钢是用在有板厚要求的强度构件方面，常使用的厚度在 1.4 mm以上，分为软钢板与通用型钢板两种形式。在有强度要求的部位，按照汽车用的钢板需要，可以在通用型的钢板中选择一些具有各种不同拉延强度的钢板。通常而言，都是拉延强度越大，冲压成型性也变得越差，所以在选钢板的时候应该注意。热轧钢板的机械性能见表 2-2。

表 2-2　热轧钢板的机械性能

种类	级别	机械性能（板厚为 2.3mm 时）					
		屈服强度 /MPa		拉伸强度 /MPa		延伸率/%	
		Min	Max	Min	Max	Min	Max
软钢板	JSH270C	185	305	270		37	51
	JSH270D	175	285	270		39	53
	JSH270E	155	255	270		42	55

续表

种类	级别	机械性能（板厚为 2.3mm 时）					
		屈服强度 /MPa		拉伸强度 /MPa		延伸率/%	
		Min	Max	Min	Max	Min	Max
通用型钢板	JSH310W	185	305	310		38	52
	JSH370W	215	335	370		35	48
	JSH400W	235	355	400		33	46
	JSH440W	275	390	440		30	43
	JSH490W	325	450	490		26	40
	JSH540W	365	500	540		23	37
	JSH370J	225	365	370		33	48
	JSH400J	255	395	400		32	46
	JSH440J	305	445	400		30	43

3.高强度钢板

高强度钢板主要分为冷轧高强度钢板与热轧高强度钢板两大类型。和相同板厚的基本材料相比，屈服强度与拉伸强度都是非常高的，因此高强度钢板在确保了强度的同时，还能很好地实现轻量化。其种类主要可以分为：通用型、高屈服比型、低屈服比型和高深拉延型等。汽车的车身骨架件主要是使用冷轧材料，大多采用的都是 440～590MPa 级别的钢板。此外，对表面要富有耐压痕性的要求并且成型非常困难的外钣金件来说，大多都采用硬化型钢板。高强度钢板是冷轧钢板，在冲压成型的时候屈服强度比较低，通过涂装时的热量，屈服强度可以上升到 30 MPa 之上，和普通的冷轧高张力钢板对比而言，具有十分优异的冲压成型性。另外，也有场合开始使用延伸突缘性被提高的高展孔型钢板或者是充分利用了 TRIP 效应的高拉延性钢板。

4.表面处理钢板

现代社会，表面处理钢板作为当今汽车车身构件的主要防锈措施被各大汽车生产厂家广泛地使用,最常用的有电镀和热浸涂漆钢板。电镀钢板有纯锌系与合金化锌系,通过电镀层的腐蚀实现保护母材的目的。如果镀层的厚度相同,合金化锌系钢板可以比纯锌系钢板更具有耐腐蚀性。此外,为了进一步提高其加工性,可以使用在合金锌电镀层上覆以无机系润滑皮膜的钢板。在采用这些表面处理技术处理钢板时,应该高度注意的是成型过程中覆膜剥离、耐划伤性以及点焊性能的下降等问题。

(二)塑料材料

小型汽车上使用塑料材料的比率在 1973 年为 2.9%,2001年上升为 8.2%。这是由于塑料材料具有质量轻、成型自由度高、良好的防锈性及造型性等特征。下面将就车身用塑料材料的特征、实际应用及最近的发展动向进行介绍。

1.通用塑料材料

(1)聚丙烯(PP)。PP 的使用量约占汽车上使用的塑料材料的50%,今后还会呈增加的趋势。PP 材料不仅在车身上使用,还被广泛用于发动机部件、电气件。这种材料的特性是:耐热性较高(4.6 k/cm^2 的载荷变形温度约为 120℃)、耐药性较好。通过无机充填物和各种橡胶的混合,可对 PP 材料的韧性、刚度等机械物理性能进行改良。

(2)聚乙烯塑料(PE)。PE 具有良好的耐冲击性、耐寒性、耐药性及成型性,因此被广泛采用,特别是塑料燃料油箱的推广使用。塑料制燃料油箱与钢板制燃料油箱相比,形状的自由度较高,且可实现轻量化。

(3)强化苯乙烯塑料(ABS、AES、ASA)。在聚苯乙烯中(PS)添加丙烯腈、橡胶成分(丁二烯)形成 ABS(丙烯腈、丁二烯、苯乙烯)。ABS 具有良好的耐热性、耐冲击性及刚度,且成型性较好,但存在着耐候性较差的缺点。

(4)聚甲基异丁烯酸酯塑料(PMMA)。PMMA 是异丁烯酸甲酯加以重组的材料。由于具有优异的透明性及耐候性，被广泛用于后组合灯、仪表罩等的内外装饰件。

（5）聚氯乙烯（PVC）。PVC通过配合组成后，可控制其抗张力及硬度等机械特性，可获得优秀的阻燃性、耐药品性、耐候性、透明性、电气绝缘性。但其加工性、耐热性及耐冲击性差。以前多用于装饰条类件，最近由于循环再利用及环境污染等问题，加之轻量化的要求，PVC正在逐渐被TPO、PP所取代。

2. 工程塑料

（1）聚酰胺塑料（PA）。在分子结构中具有酰胺基（NHCO）的结晶性塑料，是工程塑料的核心材料。PA的种类有PA66、PA6、PA46、PA11、PA12、PAMXD6等。其整体的特性为：熔点较高、机械特性优异，特别是有良好的耐冲击性；耐药品性优异，具有良好的氧、氮阻断性；表面硬度较高，耐摩擦系数高并具有阻燃性。另外，玻璃纤维强化后，可大幅度提高耐热性及机械特性。

（2）聚甲醛塑料（POM）。POM是在分子主链系中含有CH_{20}基的结晶性的热可塑性塑料，含有同质聚物和共聚物。其特性为：具有平衡的机械特性，特别是在摩擦、磨损特性方面，与其他材料相比，具有超强的性能。POM的尺寸稳定性好，耐药品性、电气特性优异。

（3）聚碳酸酯（PC）。PC是在分子的主链系中含有碳酸酯基（OCOO）的非结晶性塑料。具有透明性、耐冲击性、耐热性及尺寸稳定性等特性，但耐药品性、抗表面划伤性及耐候性稍差。一般是利用其特有的透明性、耐热性、耐冲击性这一特点，制作前照灯的灯罩，但在表面上需加以丙烯系或硅系的硬涂层。

（4）聚丁烯对酞酸盐塑料（PBT、PET）。PBT、PET是在分子的主链系中含有酯基（RCOO）的芳香族聚酯，是继PA、POM之后的结晶性、热可塑性工程塑料。PET纤维的质地以及非织布，具有较高的强度、耐光性、耐磨性，作为座椅的表皮材料被广泛采用。

（5）聚苯硫醚（PPS）。PPS 是具有苯环与硫黄原子交互连接构造的特殊工程塑料。通常作为以玻璃纤维强化的材料使用。其强度、刚度较高，在高温下，机械特性的改变也极小，具有良好的耐药性、耐磨损性、电气特性且尺寸稳定，并具有优异的阻燃性，即使不添加阻燃剂，也具有自消火性。由于具有一定的耐药品性，多用于燃料系的零部件。

3.热硬化性塑料

（1）聚氨基甲酸乙酯（PUR）。PUR 是在分子的主链系中含有聚氨酯（NHCOO）的塑料，强度极高且耐磨损性、耐油性、耐溶剂性优异，同时具有橡胶弹性，可作为发泡体、弹性体使用。作为发泡体用于座椅座垫、仪表板及车门的内衬缓冲件、方向盘等部件。

（2）酚醛塑料（PF）。PF 具有优异的耐热性、耐药品性及优异的机械强度、尺寸稳定性。可作为天然纤维及 PET 纤维的混合材料及玻璃纤维的复合材料使用。

4.复合材料

（1）玻璃纤维强化塑料。PP 或 PA 以玻璃纤维进行强化后得到的复合材料，可大幅度地提高强度、刚度及耐热性。以长纤维、连续纤维进行强化的材料主要用于制作模块的衬板。车身的模块化可减少零部件数量，合并功能，获得降低车身质量、降低成本的效果。

（2）碳纤维增强塑料。以前作为宇宙航空产业使用的 CFRP 材料由于车身的轻量化要求，已开始在汽车上采用。碳纤维的强度是玻璃纤维的 2～3 倍，比重是玻璃纤维的 2/3，在实现轻量化方面是极为有效的强化纤维。但价格极高，在底盘部件中仅传动轴有采用，其他部件未见采用。

（三）铝合金板材

铝合金板材在轻量化材料中是具有优异的强度、加工性及耐腐蚀性的综合性能的通用材料。主要用于有轻量化要求的部件，如发动机盖、后备箱盖等的钣金件。

车身用铝合金板材大致可分 5000 系（Al—Mg 系）和 6000 系（Al—Mg—Si 系）两种。表 2-3 中所列为其机械性能。

表 2-3　铝合金板材机械性能

类别	拉伸强度 /MPa	疲劳强度 /MPa	成型烧结后 的疲劳强度/MPa	延伸率/%
5000 系 （Al—Mg 系）	230 以上	100 以上	130 以上	27 以上
6000 系 （Al—Mg—Si 系）	220 以上	100 以上	180 以上	25 以上

5000 系是非热处理型铝合金，具有适当的强度及优异的成型加工性，适合用作机盖内板及车门内板等冲压加工要求严格的部位。

6000 系为热处理型铝合金，喷漆烘烤加热时会硬化，使强度显著提高。另外，成形加工时不会产生拉延变形及拉痕。适合用于汽车外板。

六、其他与造型设计相关因素

（一）玻璃

为了确保在驾驶过程中驾乘人员的视野以及发生碰撞时乘员的安全，很多国家的车窗玻璃都制定了相应的设计标准，规定了玻璃的种类以及质量。实际上，汽车使用的玻璃都是安全玻璃，种类主要集中在钢化玻璃、部分钢化玻璃、夹层玻璃、有机玻璃与塑料玻璃。

1.钢化玻璃

因为玻璃的抗拉强度比较差,因此用热处理的方法对其加以压缩应力,使之变得不易破裂,采用这种方法制作出来的玻璃就被称作钢化玻璃。钢化玻璃破碎时,从开始到剩余应力完全失去为止,整个玻璃连续渐进地破碎,而且碎片都呈小颗粒状,比普通玻璃伤人的危险性小得多。但是因为破碎之后的视野会完全失去,因此这种钢化玻璃通常都会用在除了前风挡玻璃之外的侧窗与后窗上。

2.部分钢化玻璃

为确保破碎时的视野,部分钢化玻璃受冲击后可以形成较大片破碎,也用于除前风挡玻璃外的侧窗和后窗上。

3.夹层玻璃

在两张生玻璃之间夹粘一层柔软而坚韧的聚乙烯醇缩丁醛薄膜制成。其主要用于前风挡玻璃。

夹层玻璃的特点主要表现为:①即使破碎,还有结实的中间膜支撑,不至于出现碎片飞散和玻璃整体崩溃等情况;②即使破碎,中间膜也很结实,冲击物很难冲进,破裂后,很少妨碍视野。质量标准按 JIS 规定,按中间膜的厚度不同可将夹层玻璃分为 HPR 夹层玻璃和标准夹层玻璃。

4.有机玻璃

有机玻璃的材料主要是聚碳酸酯或者异丁烯塑料等一些硬质、高刚度的塑料。有机玻璃主要用在除了前风挡玻璃以外的侧窗与后窗上。

5.塑料玻璃

车外侧是板玻璃、夹层玻璃或者强化玻璃,车内侧则是直接黏结的或者通过中间膜进行黏接在一起的塑料玻璃。

(二)天窗

天窗是在汽车的顶篷上设置好一个开口部位,主要目的就是给乘员提供一种开放感或者比较好的换气功能。顶盖开口部的形状可以分为很多种,如图 2-14 所示。

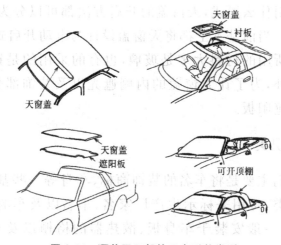

图 2-14 顶盖开口部的天窗形状类型

此外,基于天窗开启的方式不同,还可以将其分成以下几种类型。

1.滑动式

(1)外滑动式。天窗盖在顶篷上部滑动,天窗盖的动作分为仅天窗盖滑动和倾斜开启后滑动两种方式。

(2)内滑动式。天窗盖在顶篷下部滑动,天窗盖向下移动后再滑动,天窗盖设置在顶篷和顶篷内饰板之间。

(3)帆布顶盖式。此方式为篷盖式,一边把篷盖折叠一边打开。这样把篷盖长度缩短,便可得到开口。

2. 倾斜式与拆装式

倾斜式是可以把天窗盖的后部倾斜开启的一种方式,主要目的是促进室内换气。

拆装式是可以把前面的倾斜式天窗的盖拆下来或装上。

3.固定式

把天窗盖的玻璃嵌入顶篷之中,天窗盖的玻璃就不可以开启。

无论使用什么形式,天窗盖的开启方法都可以分为手动与电动两种形式。当前基本上都将天窗盖设计为电动开启式。

天窗盖所用的材料大多是玻璃,也有的采用的是铁、铝以及塑料等。此外,为了让天窗盖的内侧遮光以及装饰部分顶篷,大多都会设置遮阳板。

(三)标识类

这里我们主要是将车名的装饰商标、车身等一些基本的装饰统称作标识类,是用来标示生产厂家名、车名以及车的规格等为主要目的的,一般安装于车身板、散热器的格栅以及车的尾部。此外,也有一些是安装在了后行李箱的锁芯位置,起到隐蔽锁芯的作用。

标识类在材料上大多使用的是 ABS 塑料、聚丙烯、压铸锌及铝等,对其表面的处理方法也是多种多样的,有涂漆、电镀等。安装的方法通常都会采用螺栓拧紧、卡子、双面胶等。

第二节　影响汽车造型的人文艺术因素

一、地域文化

所谓的地域文化,主要是指在不同的国家,其汽车的设计理念、方法、使用习惯、文化内涵等方面存在的差异,因此,地域文化对汽车造型设计方面存在的影响是真切可见的。我们以欧洲为例加以论述。

随着 1989 年东西德合并以及后来欧盟的建立，国境概念逐步淡化，在欧洲逐渐形成了对民族的国家特性做出再确认的基本发展动向。在中欧等一些地方甚至还发生了大规模的民族纷争，这就是一个具有典型象征性的事例。在造型方面，欧洲的各个汽车生产厂家在 20 世纪 90 年代，强化了把本国的特性反映到造型之中的发展倾向。

地域文化的差异造成汽车造型风格的差异，体现在轿车上：德国车线条挺拔有力，造型传统严谨，科技含量较高，追求完美（图 2-15）；意大利车造型奔放、性感、洒脱、时尚（图 2-16）；法国车线条简练、极富动感，表现出浪漫情调，引领汽车造型的潮流；美国车线条流畅、强劲有力，宽敞舒适、设备齐全、体现出豪华风格（图 2-17）；英国车造型优雅脱俗，具有绅士贵族风度，表现为复古保守、珍贵稀少（图 2-18）；日韩的车兼具了欧美轿车的许多优点并越来越显示出自身的个性：轻巧、简洁、善变、经济、细致（图 2-19）。

图 2-15　德国奔驰

图 2-16 意大利法拉利

图 2-17 美国车

图 2-18 英国车

图 2-19　韩国车

二、品牌文化

(一)品牌的含义

就"品牌"而言,同样存在着很多的解释。从比较难理解的说法到相对简单易懂的解释,有关文献也非常多,所以其内涵变得比较混乱。但是不管哪一种解释,其共通点主要表现为:"品牌"既不属于厂家单方面的愿望,同样也不仅仅是用户的个人想法,而是双方都已经融合到一起的东西。换句话说,是"(用户的)愿望和(企业的)约定的一致"。"品牌"一词原本来源于表示烙印的含义。在很早以前,牛的所有者为了方便区分自家的牛和他人的牛,就给牛打上了烙印,之后作为区别的主要方法,并且经过中世纪的基尔特社会,才逐渐实现了"品牌"作为商标的基本功能。一提到品牌,极易和标识、标记相混淆,但是比较重要的一点是其具有"想法"。思想以及哲学都是非常难以理解的,在无意志的基础上也就没有人类的活动。"品牌"就是一种意志,人们通过对其深刻的理解和共有,建立起了一种彼此之间相互信赖的关系。

在构筑"品牌"时,应该在确立了基本的"品牌战略"之后,逐渐推进对品牌的直接构筑。首先,找到只有本公司才具有的特定的价值,使之可以确定下来,然后需要逐步构筑其吸引力,这就是"品牌战略"的关键之所在。特定的价值同样也能够使用"优势""核心"这样的词汇进行置换。有时我们一提到"品牌",通常都会使人形成一种必须是高级品的错觉。实际上,只要一个公司能够产生一定的吸引力,就可以形成其"品牌"了。

(二)汽车品牌的塑造

如前所述,汽车存在着除了功能价值以及其他价值之外的价值。在整个制造业发展过程中,尤其是以现代家电制造为主要代表的工业制品,近年来因为价格竞争的原因,正在持续让商品失去其特定的附加价值,这种倾向在发达国家中变得更加突出。如果不能制止廉价销售可以形成商业优势的想法,则会形成不能在市场生存的严峻状况。

在上述背景下,汽车本身作为硬件,正在朝着均质化的方向发展。也就是说,各公司的产品在功能方面的差别缩小,人们正逐渐认识到汽车产品形成了家电产品那样的危机状况。

为预防这种状况的发生,构筑"品牌"的意识正在增强。通过"品牌"的构筑,企业可以期待获得如下的效益:

(1)有利于价格设定(脱离廉价销售竞争);

(2)可有效地构成商品门类;

(3)获得提高经营效率的结果;

(4)通过认知率的提高,持续强化批量销售。

品牌对企业来说,并不是一时的广告及营销手法,它对买卖双方均有利益,也就是说可以定义为"双赢"的关系。若不能在买卖双方间构筑信赖关系,便不能认为形成"品牌"。

品牌大致分为"企业品牌""商品群品牌""商品品牌"。

"商品群品牌"在汽车品牌中是最为基本的,它是指一说到某个车名,便会使人想起所说的是什么样的车的商品体系,这与个别商品或时代无关;即使由于企业并购的原因,所属的母公司发生变化,其品牌仍然可以延续。

"商品品牌"是指某一种车型本身获得了认知度,即使经过多次换型仍有特定的用户。

对于汽车的造型而言,不同品牌的汽车会呈现出不同的品牌认知,而不同的品牌汽车在外观上也会有自己独特的特征,这往往会有利于消费者区分,同时也能彰显出不同汽车造型所具备的个性化特征。为此,汽车品牌的塑造是十分重要的,也会对一个汽车企业在消费者心中的形象产生极大的影响,也是企业占有市场的重要法宝之一。

三、标准法规

目前,为保证汽车的安全性,世界各国均在按照本国的道路交通环境及用户的需求,制定和颁布与汽车相关的法规。在造型及车身设计方面,符合这些安全法规已成为必要的条件。各国均已施行禁止生产、销售未满足法规要求的车辆,以及由监察部门对其法规的适应性进行确认的认可制度。

另外,各国实行各自的法规,导致了汽车开发工时的增加及由此带来的成本增加,致使消费者负担增加,阻碍了自由竞争的发展。为此,近年来,在联合国框架内正协调各国法规的统一,以期达到世界水平的标准,这样的协调活动已取得了一定的成果。

(一)安全法规

在考虑汽车的安全性时,首先是为避免发生事故而采取的"主动安全对策",在发生事故时将损害程度控制在最小限度的"减轻伤害对策"及"防止伤害扩大对策",这是3个重要的安全对策。在安全法规中,各国多少有些差别,但基本上都基于这样的思路制定法规体系。在法规的内容及水平方面,根据国家或地区的不同而有所不同,但基本上可以以日、欧、美的法规为代表。

1. 预防安全对策的法规

各法规可细分为以下4项。

(1)视认特性。确保视野（玻璃、刮水器、除霜器、后视镜、照明、反光镜等），视认性的提高，防眩目。

(2)信息传递。喇叭，信号灯（方向指示器、制动灯、危险警告灯、转向灯）。

(3)驾驶特性。操纵稳定性、最大稳定倾斜角度、最小离地高度、最小转弯半径、轮胎性能、轮辋性能、制动性能等。

(4)功能保持。各种指示器、信号装置、操作装置的配置，速度表、复合电子系统的安全装置配置。

2. 减轻伤害对策的法规

各法规可细分为以下 3 项。

(1)碰撞时的乘员保护。座椅安全带的强度、座椅安全带固定器、安全气囊、儿童约束装置、碰撞能量吸收式方向盘、车室内各部的碰撞能量吸收、座椅安装强度、内部凸起等。

(2)车身强度。防止车门行驶中打开、方向盘向后方移动、正面碰撞、侧面碰撞、车门强度、顶篷强度、碰撞时的车身变形、玻璃强度、玻璃安装强度、保险杠强度、前部及后部防止钻入装置等。

(3)行人保护。后视镜的碰撞缓解、防止卷入装置、车身外部凸起、防止回转部分的凸出、车辆前部的碰撞吸能措施等。

3. 防止伤害扩大对策的法规

各法规可细分为以下 3 项：

(1)防止火灾的发生：碰撞时的燃料泄漏，燃料箱的强度。

(2)车室内火灾：内饰材料的阻燃性。

(3)虽与安全无直接关系，但近年来也制定了与有害物质产生及材料循环再利用相关的法规，在设计车辆时，也应对此进行考虑。

(二)法规的认证体系

1.欧洲

(1)法规认证体系。欧洲国家较多,随着汽车的发展,各国正在根据本国的交通环境,逐渐完善各种交通法规。随着国际间交通的发展及国际贸易的扩大,各国的交通法规主要项目对其形成了阻碍,因此对相互间认为是同等的法规的共同部分,制定出统一法规(标准的协调)的同时,采用了承认他国所发行的认可的制度(相互承认)。各国固有的交通环境的法规作为各国的法规(National Regulation)已独自加以运营,如图 2-20 所示。

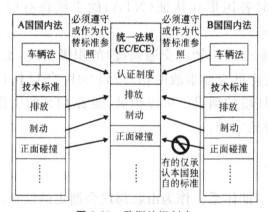

图 2-20 欧洲认证制度

统一法规有两个:①欧盟(European Union,EU)加盟国之间议定的法规,主要作为 EC 指令(Directive)而实施,加盟国(目前为 27 国)本国的法规加以接受;②由联合国欧洲委员会发行的基于 1958 年协定的 ECE 法规(Regulation),这是适用于 ECE 协定书批准的国家的法规,加盟国可根据本国的国情,决定采用与否。

EU 既有 EC 指令的法规体系,同时又加入了 1958 年协定,还参加了 ECE 法规的制定。EU 正在推进 EC 指令与 ECE 法规的整合,已达到了诸多法规具有相同的主要项目,或是认定可以替代的这样一个水平。

(2)法规的现状及未来动向。在欧洲,20 世纪 80 年代中期开始对行人的安全性研究,从 20 世纪 90 年代中期开始,法制化的呼声越来越高。2002 年,汽车业界开始自主地采取对策,最终促成了在 2003 年发行 EC 指令。该指令对车辆前部碰撞行人的脚、大腿及头部时的冲击做出了规定,2005 年以后生产的新车必须适应该规定。

另外,从相同的保护行人的角度出发,对安装在车辆前部的保险杠,出台了比冲击规定更为严格的法案。

在车辆周边的视野(后视镜等的间接视野)方面,确保视野扩大及确保摄像监控视野的法规已于 2004 年生效。

此外,在 EU,虽然目前 WVTA 的适用范围仅为小型乘用车,但是正在进行今后扩大至大型乘用车、商用车及牵引车方面的研究,到那时各国形式认证(NTA)的手续将有望大幅度简化(单一市场化)。

在 EU,通过 ITS(智能交通系统)的积极引进,正在积极推进可谋求大幅度降低交通事故的伤亡(到 2010 年已伤亡减半)的同时,改善交通环境的项目。可以预见,随着 ITS 的引进,将进一步推进今后法规的完善。

2.美国

(1)法规认证体系。作为由联邦议会制定的法律,与车辆安全相关的法规有国家交通与机动车安全法(National Traffic and Motor Vehicle Safety Act)、道路安全法(Highway Safety Act)、汽车信息与成本节约法(Motor Vehicle Information and Cost Saving Act)。以这些法律为基础,政府运输部下属的高速公路安全管理局(National Highway Traffic Safety Administration,NHTSA)作为部令,制定了美国联邦法(Code of Federal Regulations,CFR)。其具有代表性的法规为美国联邦法 49 号,即联邦机动车安全标准(Part 571 Federal Motor Vehicle Safety Standard,FMVSS),如图 2-21 所示。

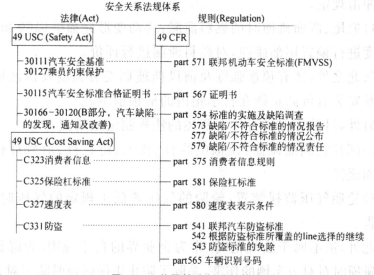

图 2-21　美国的法规认证体系

在 FMVSS 中,100 号范围为主动安全对策,200 号范围为事故后的伤害减轻对策,300 号范围为事故后的被害扩大防止对策,400 号范围为其他相关项目。在其他条款中,还对保险杠强度等做出了规定。

美国与安全相关的认证方法采用"自我认证"形式,无须监察部门的认可,只是将适应法规作为自己的责任,进行试验确认,在车辆上贴上适应法规的标志即可销售。

但监察部门——NHTSA 为对产品是否符合法规进行检查,可独自购入新车,通过试验进行确认。另外,在美国由用户根据制造物责任法(PL 法)对制造者进行起诉的案例较多,因此对制造者来说,有在法庭上对产品是否符合法规进行证明的事例。

(2)法规的现状及未来动向。美国的法规中有其他国家法规中所没有的独特的项目。

1)安装先进的安全气囊:可判断乘员的体形,调整安全气囊是否展开及展开力,提供最佳的乘员保护。

2)与日、欧的移动变形碰撞壁 90°角碰撞相对应,美国的碰撞试验采用倾斜 63°角的移动变形碰撞壁。

3)头部碰撞保护:对车室内的构成部件(顶篷、立柱)制定了头部冲击规定。

4)追尾、侧面碰撞时的燃料泄漏:移动变形碰撞壁以80 km/h的速度进行偏置尾部碰撞,对燃料泄漏进行评价。

除此之外,还有顶篷强度及前风挡玻璃安装强度及该区域的进入及安装有可防止锁在行李箱内的解锁抠手。

另外,目前正在进行如下所述的法规制定的研究。

1)圆柱物侧面碰撞:模拟电线杆、树木、桥栏杆、信号灯柱等的侧面碰撞。

2)轮胎气压监视装置:轮胎的气压若低于规定的气压时,发出警告。

此外,虽不属于法规范畴,作为企业界的自主规则,为降低车对车碰撞时对对方车辆的伤害,采取了防止正面碰撞时跃至对方车上的对策,以及作为侧面碰撞时对乘员的保护和车辆倾覆时防止甩出车外的对策而宣告安装的帘式安全气囊等在今后将被采用。

(三)标准的制定

为使汽车等工业产品相关的生产者、使用者及整个社会获得公正的利益及便利,应对产品及服务制定出相关者均应遵守的规则。在这样的背景下,包括日本在内的各国均制定了国家标准、团体标准及公司标准等多种标准。

另外,随着经济的发展,各国间的贸易活动及工业产品的交流在增加,为推进这种活动的顺利进行,各国间的标准应进行必要的整合。为此,由国际组织制定了国际标准。

现在在制定新的标准时,不应只是在业界团体的范围内及某个国家内适用,而是应从制定国际标准的角度进行标准的制定,这才是较为合理的。目前,这种动向在日本极为活跃。

1. 工业标准的等级

从下级标准向上级标准排位,分为:"公司标准""团体标准""国家标准""地区标准"和"国际标准"。随着级别的提高,其共同要素逐渐凝缩,因此标准的内容必须具有整合性。

在日本,政府按照这样的趋势,正在积极推进工业标准化法的修订及国内标准与国际标准的整合。

2.标准的种类

(1)根据标准等级的分类。根据标准的等级主要可以分为以下列几种类型(图2-22)。

1)公司标准。公司标准是在各公司及其事务所及工厂采用的标准,而且是为使企业活动高效、平稳地运行而制定的标准。标准中不仅只是规定了与产品相关的事项,设备、操作规程、业务标准等也属于公司标准的范畴。

图2-22　各标准的等级划分

2)团体标准。由国内的业界团体、学会、协会等制定团体标准,是在其范围内原则上适用的标准。在汽车业界,由日本汽车技术会制定的JASO(Japanese Automobile Standards Organization)便属于团体标准。另外,同类的标准还有SAE标准,该标准在世界范围内具有一定的权威,日本及各国的技术标准均有很多引用。

3)国家标准。国家标准由国家认可的机构制定并适用于国内。日本工业标准(Japanese Industiral Standards,JIS)便属于国家标准,根据日本工业标准化法,由日本工业标准委员会(Japanese Industiral Standards Committee, JISC)进行与JIS的制定、修改及废止等相关的审议并由主管大臣进行认定。目前,JIS已制定了9000余项条款(截至2003年9月)。

4)地区标准。地区标准是由限定的国家集团或地区的标准化机构制定并在其地区中采用的标准。

5)国际标准。国际标准是由国际组织制定并在国际上采用的标准。具有代表性的有 ISO 及 IEC 等标准。

ISO(International Organization for Standards)可译为国际标准化组织,是以国际标准的策划及制定为目的的国际组织,是各国的标准化组织的联合体,成立于 1947 年。目前,已有 147 个国家加入该组织。总部设在瑞士的日内瓦。ISO 涉及下述 IEC 所负责的领域之外的所有领域。

IEC(Intemational Electrotechnical Commission)可译为国际电工委员会,是在电气、电子、通信及原子能领域进行各国的标准调整的国际组织。其成立于 1906 年,1947 年以后,承担 ISO 的电影电子部门的标准制定。其总部设在瑞士的日内瓦。

(2)根据标准内容的分类。

1)产品标准。产品标准是规定了为适应产品的使用目的而必须遵守的事项标准。在产品标准中规定了产品的形状、尺寸、构成、装备、成分、性能、可靠性、安全性等使用上所要求的事项和对其进行补充的用语、试验方法、包装、标志及必要的加工方法。

2)性能标准。性能标准仅对产品的性能特性有关事项做出了规定。

3.与汽车相关的标准

具有代表性的与汽车相关的标准有:JIS、JASO、SAE、ISO等,下面将就经常用作参照的 JIS 和 JASO 简要进行叙述。

(1)JIS。以 D 部门为主体,已制定了 260 个与汽车相关的标准。另外,若包括金属及塑料等汽车所使用原材料的标准在内,标准的数量将会更多。

表 2-4 所示为主要与车身相关的 JIS 标准。另外,这些相关标准是根据笔者的判断所选择的,在实际业务中进行参照时,请参照标准目录或标准正文。

表 2-4　与车身有关的 JIS 标准

标准号	标准名称
JIS D 0001	汽车——规格书样式
JIS D 0021	汽车驾驶者的视野范围
JIS D 0030	汽车的三维坐标方式
JIS D 0102	汽车用语——汽车的尺寸、重量、载荷及性能
JIS D 0104	汽车的主要装置用语
JIS D 0110	汽车的装饰件用语
JIS D 0201	汽车零部件——电镀通则
JIS D 0202	汽车零部件的涂膜通则
JIS D 0203	汽车零部件的耐湿及耐水试验方法
JIS D 0204	汽车零部件的高温及低温试验方法
JIS D 0205	汽车零部件的耐候性试验方法
JIS D 0207	汽车零部件的防浸及耐浸试验通则
JIS D 0301	汽车室内尺寸的测定方法
JIS D 0302	汽车——外周尺寸的测定方法
JIS D 0401	汽车用品——儿童保护装置
JIS D 1019	汽车牵引试验方法
JIS D 1023	汽车拆卸检查方法
JIS D 1024	汽车加速时的车外噪声试验方法
JIS D 1601	汽车零部件振动试验方法
JIS D 1620	汽车用侧门锁止系统的试验方法
JIS D 1621	汽车用侧门铰链系统的试验方法
JIS D 1622	汽车的换气性能试验方法
JIS D 1701	冷藏、冷冻车的保温车身性能试验方法
JIS D 1702	汽车——直接驾驶视野试验方法
JIS D 1703	汽车——间接驾驶视野试验方法
JIS D 2101	汽车零部件——螺栓
JIS D 2102	汽车用敲入塞
JIS D 4001	冷藏、冷冻车的保温车身
JIS D 4604	汽车零部件——安全带
JIS D 4607	汽车室内尺寸测定用三维人体模型(3DM—JM50)
JIS G 3113	汽车构造用热轧钢板及钢带
JIS G 3134	汽车用加工性热轧高强度钢板及钢带
JIS G 3135	汽车用加工性冷轧高强度钢板及钢带

续表

标准号	标准名称
JIS G 3472	汽车构造用电阻焊接碳素钢钢管
JIS H 7701	汽车用铝合金板的翻边试验方法
JIS H 7702	汽车用铝合金板的拉伸弯曲回弹评价试验方法
JIS K 2236	汽车用抛光蜡
JIS K 2396	汽车用抛光涂膜剂
JIS K 2397	汽车用除冰剂
JIS K 2398	汽车用玻璃清洗液
JIS K 2399	汽车用防雾剂
JIS R 3211	汽车用安全玻璃
JIS K 3212	汽车用安全玻璃试验方法
JIS K 3 107	汽车用防晒膜

（2）JASO。JASO 是在汽车技术会的汽车标准会议上制定的标准。到目前为止,已制定了 360 个这样的标准。

1）标准的处理。JASO 标准在制定、确认或修订后,从 2005 年 4 月 1 日起,经过 3 年,对标准的内容是否合适进行重新调查。根据其结果,履行修改、确认和废止的手续。

a.修改。需进行修改的标准原则,在重新调查的第二年年度内进行修改。

b.确认。无须修改继续使用的标准,在重新调查的同一年度内进行确认。

c.废止。有同样内容的 JIS 标准或由于修改等原因无存续必要的标准,原则上在公示一年后废止。

2）标准的分类。JASO 标准由"车身 B""底盘及制动件 C""电装件 D""发动机 E""基础部件 F""材料 M""两轮车 T"等 7 项构成。

4.标准的确认

标准与前述的 JASO 相同,需按时进行修改、追加、废止,因此参照标准内容时,应确认参照的标准是否是最新版本。

　　可根据日本标准协会发行的标准正文或手册,确认 JIS 的内容(在手册中有部分内容省略,为严谨起见,应参照标准正文)。

　　在 JASO 方面,由汽车技术会发行了标准集,但考虑到多以微机进行信息处理,因此还发行了 CD-ROM 及 DVD-ROM,通过关键词及标准号进行检索极为方便。

第三章 汽车造型设计的美学运用

汽车设计和其他工业产品设计一样,在外观上也需要追求良好的色彩、造型等,漂亮的汽车外观对消费者的视觉冲击力是很大的。本章主要论述的是汽车造型设计的美学运用,主要包括四个方面的内容,即对美学的认识、汽车造型设计的审美与判断、汽车造型设计的美学特征、汽车造型设计的美学风格。

第一节 对美学的认识

一、初识美学

(一)设计美学

美学作为艺术通往哲学的一个非常重要的桥梁,其发展的理念源远流长,其中也包含了古代思想家对艺术实践经验的研究、总结以及升华。1750 年,亚历山大·戈特利布·鲍姆加登(Alexander Gottlieb Baumgarten)正式提出了"美学"(Asthetik)这个专用名词。他解释道,美学实际上就属于对感性学的理论层面的研究,并且将美学看作是哲学体系中一个十分重要的组成部分。之后,美学理论经过康德、黑格尔等哲学大师的研究变得更加成熟。

1.设计美学的定义和研究对象

设计美学是在基于现代设计理论与应用的前提下,结合了美学与艺术研究的传统理论而逐渐发展起来的一门新兴的学科。设计美学最为主要的是研究设计艺术之中的美学问题,是自然科学与社会科学、物质文化和精神文化逐渐紧密联系在一起的边缘性、交叉性、综合性学科体系。设计美学的研究对象包括艺术设计的整个范围,设计美学的主要研究对象包括三个主要部分:第一,从设计本质方面来讲,主要包括设计中的色彩、材料、结构、工艺、风格和设计的基本理念等;第二,从设计的整个过程来讲,重点还包括设计师的学识水平、设计理念、审美风格、独特个性、创造性思维能力、大众审美认知、美学规律及形式法则等;第三,从设计的应用方面来看,主要包括欣赏者的文化背景、时代特征、民族特点、地域文化特征等多个方面。

2.设计美学的核心命题

在现代社会,设计美学研究方面的核心命题主要包括四大内容。

第一,对设计美学中人和产品以及环境间的平衡性进行有效的研究。设计美学遵循的一个基本原则就是要做到"以人为本",强调以人的根本需求为其设计的标准。设计美学的研究主要是以平衡作为主要的切入点,研究人和产品之间、人与环境之间、产品和环境之间存在的综合协调性关系。

第二,对设计美学中的产品艺术和技术的和谐性进行研究。产品设计的基本要素包括艺术、技术、材料、环境等也都会深刻地影响到设计所具备的艺术表现效果。设计美学同样也需要时刻关注现实审美思想观念方面存在的基本变化,力求做到设计师所期许的艺术与技术完全的和谐统一。

第三,设计美学中的产品形式以及功能的协调性。产品的形式主要是指市场中的产品所呈现出来的具体形式,一般都是由造型、色彩、品质、特征等四个重要部分所组成的;产品的功能主要是指某一产品所包含的特定职能,也就是产品的总体功用或者用途。设计美学探索怎样才能很好地实现产品的形式和功能之间的协调统一,以便最终可以实现最满意的设计效果。

第四,设计美学之中的审美主体和审美客体相互统一性的研究。设计是审美主体与审美客体相互结合的思维活动,主要是以客户的需求作为总体设计的思路,加上自身主观的思维创作的行为活动。审美主体和客体之间也属于一个不可分割的对立统一体,设计美学往往都是寻求实现二者和谐一致的具体途径。

(二)汽车造型设计美学

作为设计美学的重要分支之一,汽车造型的设计美学同样也是研究与探讨把设计美学应用在汽车造型设计实践,并且形成了一套系统工作方法的学科。它伴随着现代人们对汽车造型设计理性化的思考和对设计经验性的总结产生,属于感性思维通向理性思考的重要桥梁。对于塑造汽车造型美的渴求与强烈向往,激发了人们在汽车设计美学实践与研究过程中做出不懈的努力与持续探索,并且还逐步归纳、提炼、概括出了汽车的造型设计美学所需要的基本要素,也就是汽车造型设计的美学规律、汽车造型设计的技术美学、汽车造型设计的人文美学。它们是从前人的研究设计美学之中逐渐发展演变而来的、针对汽车的造型设计自身美学要求提出来的新形式,并且还会在长期的设计实践过程中逐步发展形成的特定学科体系。充分体现出了汽车在造型设计方面由实践上升至理论,又反过来由理论指导实践的循环反复、螺旋上升的发展过程。汽车造型设计美学主要是基于艺术层面、技术层面以及人文层面三者之间的辩证统一的,也是三者之间的相互有机结合,是构建现代汽车造型设计美学发展体系的核心所在,也是认知汽车造型设计美学的一次伟大的尝试与体验。同时,汽车的造型设计美学也处于一种持续摸索、实践、创造的循环过程中,并会在未来的发展中得以完善。

1.汽车造型设计的美学规律

汽车造型设计的美学规律主要是以专门研究汽车的造型设计表现形式为主的美学特征,探讨其设计的基本规律、艺术思维、表现形式以及其设计方法的艺术思维体系。它同时也属于在总结了前人研究探索美学经验以及美学规律的基础上,针对设计的特殊性、情感性、文化性等多个方面做出的一次总结归纳,并且在长期的设计实践过程中,逐步总结并提炼出了具有创造性思维方法和表现技法的设计流程。设计师对美学规律的运用好比中医的药方、厨师的菜单、乐师的乐谱,聪明的设计师往往会在设计实践中,针对不同的设计内容灵活地应用。反之,蹩脚的设计人员只会将这些规律当做呆板的理论与教条。可见,设计美学规律是在对大量事物美的形式的总结基础上得到的,并不断完善、提高与升华。

2.汽车造型设计的技术美学

汽车造型设计的技术美学是科学技术与设计美学相结合的具体表现形式。汽车造型设计技术美学的主要内容有三方面:第一,汽车造型设计流程中的美学问题,包括设计流程中市场审美因素的影响,以及设计师自身的审美意识、美学品味、美学修养等;第二,汽车的使用功能要求,主要以新结构的开发、新工艺的运用、新材料的应用,构成了汽车技术美的要素;第三,汽车造型设计应用技术美学是为了追求技术产品和技术活动的科学性、实用性、艺术性的统一,追求生产工艺过程的合理性与和谐性的统一,使汽车的整体设计与各个部件、内外装饰保持了高度协调,实现了美学和技术之间的平衡。

二、汽车造型设计的人文美学

相对于传统美学而言,汽车造型设计美学一般情况下都会被视作是一个实现了审美主体与审美客体相互融合的发展过程。换而言之,怎样把符合人民大众品味的审美形式和功能赋予产品之中,是现代设计师所要追求的最终目的,而并非属于单纯的、教条地把文化符号赋予汽车的造型之中。汽车造型设计的人文美学通常会体现在以下三个方面。

(一)广泛应用的形式美

驾驶人一般都会通过观察、触摸、操控汽车,来获得愉悦的使用体验之感,以便能够直观地感受到的美实际上是形式美。形式美在汽车造型上的应用,是汽车外观美与内在美的结合。汽车的外观美通常都是感性的美,而其内在美往往都属于理性的美,是汽车功能的有力保障。当二者都可以达到一个高度的融合时,就会让驾驶人获得精神美和科技美两个方面的完美享受。

(二)宜人的技术美

汽车作为现代人在日常生活中十分重要的一种交通工具,不再单纯地仅为人们出行带来方便,节约时间,它的美观的形体同样也好像艺术品一样,点缀现代人的生活,成为现代人们日常生活之中一道十分亮丽的风景线。驾驶人在操控汽车的时候,汽车也需要为之提供一种易用性、可靠性、安全性,同时,还需要使其感受到汽车功能美的宜人愉悦体验。

(三)和谐的人文美

节约自然资源,改善人类的生存和生活环境,多途径条件下的节能环保,同样也都是设计团队所追求的主要目标。因为汽车设计时所使用的各种材料、零件的选取来源于可再生与非可再生的资源,人们力求以多渠道来获得可再生资源,以便可以对汽车制造材料进行充分的再利用,营造出一种可持续发展的典型自然环境,实现人和自然环境之间的和谐共处。

第二节　汽车造型设计的审美与判断

一、审美与审美欣赏

从美学角度来对汽车的造型设计进行分析，需要回答的主要问题为，汽车产品为何是美的？我们怎样去感受这种美？事实证明，美的发现以及发展都离不开人的参与，审美的价值通常都需要人的欣赏才可以很好地显现出来，离不开具有一定审美能力的人。汽车的造型设计审美，仅仅是在审美主体具体的审美活动之中才可以被感知与欣赏。

(一)审美

美作为一种社会现象，是在人类的出现后产生的。作为有意识的生命活动，在人类的审美思维中，会对汽车所具备的功能、造型、结构、材料、色彩、形式等都产生一种生理层面的愉悦反应，这种反应通常都是和人类的复杂意识紧密联系在一起的。它的判断和人类本身个体的诸多因素都存在十分密切的关系。即便是对于同一厂家、同一型号甚至是同一颜色的汽车，同一个审美主体往往也会处在不同的空间与时间下，或只是处在不同的心理状态下对其产生认知，都有可能会形成完全不同的审美判断。

(二)审美欣赏

审美欣赏是指客观事物能给人们带来欢快喜悦的心情，使人们赞美、赏识、领略和享受其中的美的过程。人们在对汽车产品加以欣赏时，自然也会对其产生一种审美判断。在这种审美活动中，既包含着人们的审美情趣，又蕴含了人们的审美风格。在对美的研究中发现，审美欣赏其实可以直接理解为审美主体对审美客体的欣赏过程。在这个过程中,审美主体经历了对审美客体进行感受、体验、品味、认知、评判以及再创造的审美心理活动。

二、审美判断

审美判断的实质,属于延伸审美主体对于审美客体的一个欣赏过程。在审美过程中,主要是因为审美主体和审美客体间已经受到了自身和外部审美环境的深刻影响,使审美主体在审美欣赏过程中也产生了前后差异比较大的审美感受。审美判断是逐渐在审美活动中建立起来的,它和审美主体以及审美客体之间的关系十分密切,因此,在深入了解现代研究审美判断以前,应深入了解和掌握汽车造型设计的审美主体以及审美客体存在的基本特征。

(一)审美欣赏主体——设计师

审美主体是指拥有审美判断能力,能够现实地掌握和承担审美活动的人。要想认识和探索汽车的审美标准与审美价值,首先,我们必须了解和掌握汽车审美的主、客体关系。我们把审美主体定位成设计师,因为在汽车造型设计的审美欣赏中,首先展示着设计师的审美情趣,同时体现着设计师的审美观点和审美趋向。作为审美主体的设计师应具备五方面能力。

1.较强的创造力

设计师需要具备合理利用创新的思维。创造性思维通常需要人类充分发挥自己的想象力,是以全新的思维角度去探索世界的、一种具有奇异性的思维活动。通过这种创造性思维,设计师不但要做到可以揭露客观事物的本质以及其内部的联系,并且还要在这个基础上产生新颖的、独创的、富有社会意义的思维成果。

2.必备的汽车专业知识

设计师所具备的汽车专业知识,是其对汽车的造型设计做出欣赏与品评的重要基础条件。主要包括对汽车产品性能的熟悉、功能的了解以及对技术与生产工艺的掌握等。具备不同程度的汽车专业知识的设计师,对汽车的造型设计欣赏能力也会出现极大的差别。

3. 较强的审美鉴赏能力

审美鉴赏能力主要是指人们对美的认识和评价能力。设计师应该对汽车造型的设计具有非常高的鉴赏能力、审美感受力、审美判断力、创造力和深刻的想象能力。设计师的审美鉴赏能力基础主要包括其所拥有的眼、耳等多种感觉器官的感受能力。设计师如果缺乏了起码的审美感受力,设计出的产品通常不会获得大多数消费者的认可。

4. 对新技术的认知与更新能力

现在的汽车市场发展日新月异,竞争也相当激烈。作为设计师,应及时了解和掌握新材料、新技术(例如计算机设计软件)及新的生产方式,以期使设计能达到消费者最满意的结果。

5. 预测市场的能力

汽车造型设计师的设计目的应明确,通过对未来汽车发展趋势的预测,设计出引领设计潮流与风尚的产品,其结果最终还是提高产品的销售量。汽车造型设计师虽然多为艺术家,但是同时也是制造者,只有在充分了解消费者的需求(时代需求、地域特征以及个人爱好和宗教信仰)并对市场有一定预测能力的前提下,才能够设计出广受欢迎的汽车产品。

(二)审美欣赏的客体——汽车

汽车作为直接的审美客体,是设计师在审美欣赏活动过程中感受、体验、欣赏以及改造的具有审美属性的主要产品。汽车作为一种重要的产品,具有使用功能和艺术功能典型的双重效应。汽车造型作为现代设计师们在设计实践过程中的重要产物,蕴含了设计师完美的创意,同时也进一步展示出了汽车产品造型从低到高的创造性活动过程,这一过程是融入在现代社会属性的客观存在过程中的。汽车造型作为一种审美的客体,蕴含了三个方面的审美特性。

1. 物象性

汽车造型审美的物象性主要建立于形体和色彩中。它作为审美的直接对象,有其本身的形体特征以及其色彩特征。物象性主要是指物和象两个方面的完美结合,也就是具体存在的物质形象。所以,汽车造型所表现出来的情趣和魅力,才可以很好地引起人们的共鸣。

2. 相对性

汽车造型审美的相对性主要是指人们对于汽车造型的认识、了解、欣赏、体验以及评价存在的个体性、差异性。例如,红旗轿车 CA770(图 3-1),它具有一种非常尊贵、独特的东方神韵,外形大气、设备齐全。内饰采用福建漆胡桃木、景泰蓝等多种名贵的材料,整车宽敞明亮,外表庄重而大方,是具有非常高动力性与舒适性的轿车品种类型之一。但是,不同的审美主体往往都会对其产生不同的审美感受,甚至还存在着比较大的差异。有的审美主体通常也都会被它的整体统一美所吸引;有的则欣赏它的比例协调美;还有更多的主要是在感受它的色彩和谐美等。总而言之,在对汽车的欣赏过程中,可谓见仁见智,审美主体往往是通过自己的审美标准去赏析汽车产品造型,这充分表现出了汽车造型审美中普遍存在的相对性特征。

图 3-1　红旗轿车 CA770

3.体验性

在人类的各种生活体验中,审美体验可以充分展示出人本身的自由、自觉思想意识,以及对理想境界的广泛追寻,所以能够将其称作最高的体验。汽车造型审美体验通常情况下都是具有创造性思维的设计师,在特定的心境、时空基础下,通过自身的感受和想象、构思和设计,从汽车的造型中,体验出汽车美的本质上的一种动态心理活动过程。

第三节　汽车造型设计的美学特征

随着现代世界汽车市场的快速发展和人们认知程度的不断提高,消费者在现在已经不再满足于汽车产品作为一种交通工具的单纯属性,更为重要的是要追求其丰富的美学特征。

一、感性美和理性美

(一)汽车造型的感性美

汽车的感性美主要是指由人的感官所形成的一种知觉,进而通过人的知觉以及内心变化所形成的审美判断,也就是人对汽车的直观感性认识。简而言之,它主要是审美主体在审美活动中对汽车所赋予的情感层面的视觉评价。汽车产品的感性美主要是通过它的形态变化、色彩协调、质感贴切、结构完善和完美的内在功能充分展现出来的。所以,汽车造型设计中所体现出来的感性美,应该充分坚持以人为本的原则,直观体现出设计的精神,并且还应该力求在车身的设计中注入人的情感与关怀,进一步增强科学技术的美学展现,使其的感性美更富有人性化、系统化、生活化、个性化以及特色化。

在 2012 年举办的北京车展上展出的雷诺 Captur 概念车(图 3-2),充分诠释出了汽车造型设计方面的感性美理念。

图 3-2　雷诺 Captur 概念车

在该车的设计过程中,将它定位为简洁、激情和时尚的风格并存。它所拥有的精准比例以及极具质感的线条,使我们可以直观地感受到精致和细腻之美。设计师以运动员的极限运动作为设计的核心灵感,在轮毂的设计方面则直接注入了速度和耐力两种元素,使其操控感和运动感得到进一步强化。正是由于这款车的感性化设计方案，才使其具备了降低驾驶人精神疲劳的可能，能让驾驶人轻松地实现驾驶的乐趣。

（二）汽车造型的理性美

理性美主要是指通过理性思考形成的一种审美认知。汽车的理性美主要是指有理可依的，能够依靠科学的推理、计算、统计实现的美。它通常都属于设计师的理智和汽车的实用性之间碰撞的一次完美呈现。缜密严谨、秩序条理、数理逻辑性往往都是汽车造型设计方面的主要表现形式。汽车的造型设计主要由功能性、艺术性、经济性、材料性、技术性等多方面的因素所制约。汽车造型设计的理性美主要表现为技术因素层面，例如，通过空气动力学实验可以进一步确定下来车身的造型，保证高速运行的条件下汽车驾驶可以保持稳定。在这个基础上，再去考虑车身的比例是否也符合人的视觉规律，以及是否可以形成具有理性韵味的美感。

德国是汽车造型设计的强国，其强势的品牌宝马、奔驰、奥迪都能够充分体现出设计中的理性美特征。在 1991 年的东京车展中，奥迪 Avus quattro 跑车第一次公开亮相就引起了人

图 3-3　奥迪 Avus quattro 跑车

们广泛的热捧。它身上所流淌着的是 20 世纪 30 年代流线形的赛车造型，复古的设计充分体现在它的前置驾驶舱，展现出了对经典设计的一脉相承。外部的轻质铝车身设计也很大程度上减轻了自身的重量（车身框架只有 52kg），W12 发动机能够输出高达 509 英马力（1UKHp＝ 0.746kW）的超强动力，可以很好地实现瞬间加速（图 3-3）。

二、静态美和动态美

(一)汽车造型的静态美

汽车的静态美主要体现的是汽车造型中所包含的各种设计元素间所达到的一种和谐与平衡关系。静态美一般都属于静谧美的一种。人们处于宁静的氛围中,感受到的往往都是安逸与舒适、平静与祥和。例如,劳斯莱斯曾经作为现代汽车发展史上的贵族、四轮的皇者,其周身流淌出来的就是明显的静态凝固之美。它的前脸造型大多都是采用的直线小圆弧过渡形式去塑造形体的,两前照灯端庄对称、华贵而秀美。格栅设计的竖线重叠,具有典型的条理与秩序美感。特别是劳斯莱斯的标志设计,更是彰显出了一种非常优秀的静态之美(图 3-4)。

图 3-4　劳斯莱斯及其车标

(二)汽车造型的动态美

汽车的动态美通常都属于一种不断流动的变化之美。它将可视的元素都体现在了韵律和动态的视觉美感中,并且是以流动的形式与气韵加以塑造的。在汽车发展史中,属于流线形的甲壳虫汽车曾经风靡一时,其头部和尾部大多都是采用光滑的曲面、曲线以及大圆弧的过渡造型,使车体表现出圆滑、畅通的设计类型,极大地减小了空气阻力。

例如奥迪 A6L 汽车,整体的造型动感非凡。前脸的设计选用小圆弧过渡,形成了大嘴式造型风格。整车的侧围、后围都采用了极富弹性的小弧度曲线,加上前后翼子板的圆弧曲线,构成了完美的曲面,整体感觉前后呼应、相得益彰,展示出强烈的动态艺术感染力和韵律美感(图 3-5)。

图 3-5 奥迪 A6L

三、内在美和外在美

(一)汽车造型的内在美

汽车所拥有的内在美标志表现为工艺十分简单合理、结构和形态的人性化进行了有机的结合、材料性能得到极致的发挥、空气动力学的性能进一步提高以及各种新技术也被应用到其中。汽车的内在美主要包括几个主要内容。

1.汽车造型的功能美和结构美

汽车造型的功能美和结构美一般都属于汽车内在美一个十分重要的因素。汽车的功能美一般可以分成使用功能和辅助功能。使用功能往往都是建立在人性化设计基础上的。而在辅助功能方面表现在技术层面的优化上,主要包括牵引力的控制系统均衡稳定,车身的主动控制系统(ABC)控制迅速,制动辅助系统(BAS)也非常的安全高效,下坡行车辅助控制系统(DAC)的车速控制和车身动态控制系统(DSC)的灵敏高效性。

2.汽车造型的材料美和工艺美

汽车的材料美以及其工艺美二者都属于汽车的内在美的可靠保障。材料也属于可以构成汽车造型设计美感重要的物质基础类型。

在汽车的生产制造过程中,精良的工艺通常都是构成汽车工艺美最为首要的条件,而各种工艺的特征,更属于构成内在美的具体体现。

(二)汽车造型的外在美

1.汽车造型的形体美

汽车的形态是设计美学研究的重要部分。形态各异的车型,直接影响着人们的视觉效果及审美情趣。在设计中,符合时代理念的汽车形体,要受多种设计因素的制约。任何汽车的造型,都是由点、线、面交织而成的。一款好的车型问世,会产生强烈的震撼力,不仅吸引人们的眼球,陶冶人们的情操,更重要的是会使人与车产生主客体共鸣(图 3-6)。

图 3-6　不同汽车的形体美

2.汽车造型的色彩美

汽车的色彩具有先声夺人的魅力,使人们产生强烈的视觉感受,或产生冲击力,或产生亲和力,又或使人们产生无限的遐想。比如选择红色基调的汽车带给人们的视觉感受应该是热烈的、喜庆的、愉悦的。

汽车的色彩是汽车外观美的重要元素。设计师科学地运用汽车色彩,不仅会拉近人与车的距离,同时还会使人们产生审美上的视觉享受。汽车色彩设计需要考虑的因素主要有实用性、经济性、艺术性、科学性、创新性、生态性、民族性和地域性(图 3-7)。

红色车　　　　　　　　黄色车

图 3-7　汽车的色彩美

蓝色车   绿色车

紫色车   白色车

图 3-7　汽车的色彩美（续）

3.汽车造型的质感美

汽车的质感通常都会体现在汽车的造型设计材料应用方面，也就是汽车造型设计本身所需要的材料美以及汽车的装饰材料美。

汽车的整体布局设计，主要是通过人们的感观认识，对其审美做出有效的界定与评价。如汽车的内饰主体材料，一般都是采用木制材料作为主体，使人产生古朴与华贵的质感美学效果。

四、刚性美和柔性美

（一）汽车造型的刚性美

为了能够适应各种层次不同的消费者对于汽车外观审美的需要，汽车设计师通常都会把产品的刚性美和柔性美的元素导入汽车造型设计中，其主要的目的就是为了让广大消费者在选择车型的时候准确予以定位，按照自己的喜好去选择自己心仪的车型。

1. 粗犷美

汽车的粗犷美是刚性美的首要元素。它可以分成两种类型：第一，汽车的形体采用的是简洁形式，而且尽可能不使用或者少用装饰与修饰材料，展现出一种大气豪迈的粗犷性格；第二，力求采用最为简单的汽车造型设计创意，表达出汽车产品整体的功能，而且使其功能属性可以一目了然。不管是前者还是后者，粗犷都与粗俗是不同的，二者不能混为一谈，因此在汽车的造型设计中，应该充分理解与合理地使用粗犷的美学原理（图3-8）。

图3-8 粗犷的悍马车型

2. 洒脱美

汽车的洒脱美被当作刚性美的另一种表现形式，不仅涵盖了潇洒脱俗，而且还包括视觉层面的大气和美感，通常都能够给人带来一种风尚感、俊美感。在汽车的造型设计美学中，也能够体现出其简洁、大气和超凡的特征。汽车的造型设计中所表现出来的"洒脱"，主要强调的就是"洒"，避免呈现出单纯追求阳刚及帅气的产品设计，如图3-9所示的路虎汽车，就是一款比较成功的造型设计，表现出洒脱的一面。

图 3-9　洒脱之美——路虎

3.挺拔美

汽车的挺拔美作为对于刚性美的直接支撑,给人一种耳目一新、伟岸雄奇等视觉层面的深刻感受。例如,劳斯莱斯 101 Ex 汽车就是一款高端的汽车产品。它的整车造型刚毅而又挺拔,车身的设计十分精巧,比例尺度也做得恰到好处,使人过目不忘(图 3-10)。

图 3-10　劳斯莱斯 101 Ex

(二)汽车造型的柔性美

1.飘逸美

汽车的飘逸美作为柔性美的代表之一,集中体现出一种清新雅致、恬淡自然的风格。车身的优美直线、曲线、圆弧的过渡都是"飘逸美"最佳的线条。换而言之,汽车的飘逸美都是通过色彩、质感、光感等方面表达来实现不一样的飘逸美感（图 3-11）。

图 3-11　尽显飘逸之美的马自达汽车

2.韵律美

汽车的韵律美作为汽车柔性美的重要要素之一，主要是通过点、线、面、形体、色彩以及质感等多种视觉要素进行塑造完成的。韵律是神韵律动，属于节奏产生的一种情调或者意味。在汽车的造型设计中，韵律美主要强调的是一种变化过程中的柔性美，使车身的造型也更加富有动感、令人遐想，如沃尔沃 V70 的造型，带有典型的韵律之美（图 3-12）。

图 3-12　沃尔沃 V70

3.细腻美

汽车造型表现出来的细腻美作为柔性美的重要分支，是把视觉要素通过特定的设计艺术手段梳理成为一种有序的状态。进而让汽车的视觉语言变得条理清晰，层次结构趋于合理。在设计美学的法则中，细腻法则主要表现为，在产品设计的节奏方面更为清晰、更为明朗并且富有典型的质感；在形体的结构方面也更加细致润滑、细密深入；在视觉的传播方面更富有率意、具体且韵致（图 3-13）。

图 3-13　标志 onyx 跑车的细腻美外观设计

汽车造型设计的美感，随着现代科技的发展，呈现出不同的形式，也进一步拓展了人们的审美境界，并在一定程度上拓展了人们的审美空间。

第四节　汽车造型设计的美学风格

自 1886 年德国工程师制造出了世界上首辆汽车到现在，人类创造出了无数形色各异、千姿百态的汽车产品。汽车在很大程度上也很好地承载了人类非常多的梦想，各国的设计师都充分发挥自己的聪明才智，造就出了五彩缤纷的世界汽车文化。而汽车的造型设计美学风格同样也是在文化和科技的不断汇集之中逐渐发展与演变的,形成了人类文明发展过程中不可或缺的重要组成部分。一般来说,设计师以及自己的团队偏好、民族间的差异、地域以及气候的地理环境不同、时代演变等多种外在和内在的要素都能充分体现在特色多样的汽车造型设计中。我们在这里分别针对汽车造型设计的美学风格在民族、地域以及时代这三个不同的范畴中的表现形式进行论述。

一、汽车造型设计美学风格的地域特征

据不完全统计,当今世界有上千个民族,其中,人口超过1000万的民族多达 60 个。各民族按照其世代相传的民族传统与文化,形成了自己独特的民族文化特征。民族艺术正是各民族在民风、民俗等方面的独特体现。自 20 世纪 70 年代起,全球汽车市场竞争越来越激烈,汽车造型更加受到人们的重视,甚至还逐渐发展成了在市场中取胜的关键所在。表现出来的不同民族特征的汽车产品相继问世,取得成功的经典汽车造型也无一例外地发展成某一个民族文化内涵具体的符号。例如,中国的红旗轿车CA770与美国林肯轿车的造型设计风格就相去甚远,日本的雷克萨斯轿车与德国的奔驰轿车在风格上也有很大差异,如图3-14、图 3-15 所示。

图 3-14　林肯轿车

图 3-15　雷克萨斯和奔驰的不同风格

接下来,我们就选取世界上汽车工业发展最具有代表性的三个洲、九个国家为例子,对现代汽车造型设计美学的民族特征做出评析。

(一)欧洲汽车造型的民族特征

欧洲汽车工业发展有着非常悠久的历史,汽车的制造技术十分娴熟,车身的总体线条十分优美、明快,讲究的是内在美与个性美的结合。现在的欧洲车坛可算得上是百花齐放,一些比较成功的品牌车型都十分注重展示出汽车所包含的民族文化和风格造型。

1.德国车

德国车技术精良、结构严谨、舒适安全。作为西方传统的工业强国,德国汽车拥有现在世界最为领先的技术优势。德国人做事严谨、有条理,勤奋、埋头苦干,待人接物态度诚恳、不浮夸。

德国汽车向来都是以品质优良与做工扎实而著称于世,每款产品都充分体现出德国人的精细、严谨形式风格。德国的汽车主要追求文化品位,典型代表有奔驰、迈巴赫、奥迪、宝马、大众、保时捷等,如图 3-16 所示。

保时捷

迈巴赫

大众

奥迪

图 3-16 德国汽车品牌

德国车在造型上大多采用的是刚健挺拔的曲线、曲面进行车身塑造。和法国、意大利的车型比较而言，德国车的传统风格非常明显。例如，奔驰车一般都是按照刚健沉稳、坚固威严而著称于世；奥迪车具有非常新颖独特的个性风格，前卫却不失严谨，时尚又不失传统。

近年来，在汽车的造型设计方面，德国人一直坚守本民族设计思想，造型表现出良好的严谨传统，材质也的确坚固耐用，不足就是沉稳有余，激情欠缺。2000年时，宝马公司进一步吸纳了外来的文化元素，在美国与亚洲非常成功地推出了激进造型的新产品，但是在德国本土则并没有获得预期的市场反响。

2. 英国车

英国车的造型经典保守、华贵高雅、含蓄传统。英国的历史非常悠久，有着很深厚的文化底蕴。英国人也恪守传统、矜持庄重。他们彬彬有礼，而且孤傲和宁静、幽默和宽容的天性并存。

英国车的整体车型大多都是采用直线、曲线、曲面以及平稳小圆弧过渡的造型风格进行设计的。与德国车比较来看，它严谨中透出了厚重的文化内涵，传承了英国皇家的绅士风度。典型的品牌车主要有"劳斯莱斯""宾利""捷豹""路虎""莲花""阿斯顿·马丁"，如图3-17所示。

阿斯顿·马丁

莲花

宾利

捷豹

图 3-17　英国部分名车

3.意大利车

意大利汽车的造型设计前卫奇特、激情奔放、标新立异、绚丽多彩。

意大利本身就是一个充满浓厚艺术氛围的国家,浪漫的气质以及时尚元素兼容并举。特别是意大利人一直都向往一种无拘无束的奔放美和洒脱飘逸的理性美,让意大利人在汽车的设计方面展现出了十分独特的民族特性。具体来讲,意大利汽车的造型设计非常注重整体车身的比例和尺度,对曲线与直线的运用以及车身的变化等节奏感的掌握也得心应手,在局部的造型方面(如车灯造型)更是突出了简洁明快的视感,具有非常浓郁的艺术气息,符合受众的审美理念。

意大利汽车在产量方面相对较小,但是却拥有着众多的优秀汽车造型设计师。有些世界顶尖的设计师还创建了属于自己的汽车造型设计公司,推出了很多世界级经典的汽车造型。例如,乔吉托·乔治亚罗与他的"Italdesign"设计公司以及塞尔吉奥·平宁法尼纳的"Pininfarina"设计公司。他们为许多著名品牌设计出了声名显赫的世界级名牌汽车,例如,法拉利、兰博基尼、玛莎拉蒂、菲亚特、阿尔法·罗密欧、兰西亚等。其中,法拉利、兰博基尼汽车被人们普遍认为是高雅的象征、激情的典范。如图3-18所示。

法拉利

玛莎拉蒂

阿尔法·罗密欧

兰西亚

图 3-18　意大利部分名车的造型

4. 法国汽车

法国汽车的造型主要表现为轻盈活泼、新颖浪漫、追求时尚。

法国汽车在造型设计方面一直都是世界时尚汽车外观的风向标,就像法国巴黎的名贵香水以及前卫的时装,享誉全世界。法国人在艺术方面的修养很高,法国社会的艺术氛围也是有口皆碑的。法国民族所独有的特性可以概括为热情、浪漫、奔放、洒脱甚至无所顾忌,这使法国汽车的造型充分体现出超越时代的创造性思维风格特征。标致、雪铁龙、雷诺、佩吉奥等品牌作为当今世界的名车系列,都呈现出别具一格、外观新颖独特的特征。法国车符合欧洲的设计理念,具有良好的操控性、突出的人性化设计等特点,常常都会给人一种或优雅洒脱、或空灵飘逸的视觉感受,如图 3-19 所示。

图 3-19 法国雪铁龙汽车造型

标致汽车是法国车的典型代表。其整体车型大多数都采用平顺、流畅的曲面,塑造出一种富有视感的动态形体。重点突出的则是狮子徽标设计,该标志体现出了世界名车的品位,如图 3-20 所示。

图 3-20 标志汽车造型

法国汽车公司的设计团队非常善于接收艺术信息,重视突破与革新,研发的汽车具有个性鲜明、超凡脱俗的特征。同时,借助法国民族独特的文化内涵以及对艺术特有的敏锐,设计师常常会推出一些超出人们意料的时尚车型。例如,2005 年推出的雪铁龙 C4 轿车(图 3-21),它楔形的设计、奔放的线条、洒脱的车体,动感十足,使人眼前一亮。

图 3-21　雪铁龙 C4 轿车

5.瑞典汽车

瑞典汽车在造型方面主要表现出守时诚信、憨态却不失高雅,充满了条理和秩序之美感。

瑞典是一个非常勤奋、追求高效率的民族,这个北欧的民族积极追求守时、诚信,这不仅仅是一种美德,更多的是一种生活原则。瑞典汽车在造型方面十分优雅、含蓄而不失风度,其主要的代表作是沃尔沃、萨博以及著名的新兴汽车品牌科尼赛克等。

沃尔沃的整车造型表现为收敛、含蓄,它温文儒雅的造型体态,折射出的是一种感性美和理性美之间相互的和谐统一。XC60 看起来充满了未来感,也是同类汽车在未来的主要竞争对手(图 3-22)。

图 3-22　沃尔沃造型设计

科尼赛克汽车公司是瑞典人克里斯·科尼赛克于 1994 年创立起来的一家小型专门手工打造超级跑车的制造厂。超级跑车制造厂的主要创意与目标,就是要制造出全世界最快的汽车。经过科尼赛克汽车公司的设计团队不懈的努力和坚持拼搏,终于打造出来一款路试时速387.87km的世界级超级跑车,获得了吉尼斯世界纪录认证(图3-23)。

图3-23　科尼赛克超级跑车

6.俄罗斯汽车

俄罗斯车在造型方面粗犷豪放、沉稳厚重、强劲洒脱。

俄罗斯是世界上疆域最大的国家,资源丰富、地大物博。其自然生态孕育出了俄罗斯人粗犷顽强的气魄以及豪爽豁达的性格。俄罗斯在汽车造型设计方面也突出了设计之美,如拉达、伏尔加、华沙、吉姆、嘎斯等一些老牌的名车。伏尔加轿车曾经在1958年的布鲁塞尔国际工业展上一举夺得了最高奖,如图3-24所示。

图3-24　伏尔加轿车

伏尔加轿车有它自身的科技发展、民族发展、艺术发展特征。随着时代的发展,俄罗斯汽车工业近况不佳,外形坚实、体态笨重、耗油量大的伏尔加汽车已不适应现代汽车造型设计的潮流。

（二）美洲汽车造型的民族特征

20世纪初至今，美国汽车工业已有超过百年的历史。以美国车为代表的美洲车在激烈的市场竞争中不断创新发展，追求迎合消费者对汽车造型的需求。如今美国早已成为名副其实的汽车大国。

美国人开朗大方，讲求实际。美国汽车向来都是以"宽敞舒适""豪华气派""大平棱方"而著称于世。美国车的整车造型大多都是采用的直线、斜线，并且以棱线分明塑造形体，具有一种刚劲有力、坚硬挺拔的视觉冲击力。美国汽车的车身相对比较宽、长，前脸也多采用装饰华美的栅格设计，车窗周围一般都镶有镀铬装饰亮条，内室宽敞通透，轮毂巨大，看上去显得气势很足。美国汽车品牌如图3-25所示。

雪佛兰

凯迪拉克

福特

别克

克莱斯勒

道奇车标

图 3-25　美国汽车品牌

20 世纪 90 年代末,美国汽车厂商进入全球扩张时代。他们凭借雄厚的实力,兼并了很多知名品牌,并陆续在欧洲和亚洲建立了汽车造型设计工作室,不拘一格地选拔有才华的设计师。美国汽车的美学设计风格也悄然发生变化,边锋设计(New—Edge—Design)是对这一变化趋势的概括。

(三)亚洲汽车造型的民族特征

近年来,亚洲的汽车工业和汽车消费市场都在迅猛发展,受到全球汽车厂商的青睐。

1.日本车

日本车有精巧玲珑、细致入微,色泽华美、灵活多变,朴实精华、简约实用等特点。

日本轿车在造型上以模仿欧美车型发展起步,但是很快就构建起了自己独立的品牌体系。已经创造出了包括丰田、本田、雷克萨斯、皇冠、蓝鸟、雅阁、公爵、三菱、日产等世界著名的汽车品牌(图 3-26)。

雷克萨斯

三菱

日产

丰田

图 3-26　日本部分汽车造型

20 世纪 90 年代开始，日本汽车在造型设计过程中，充分考虑到当时世界主要的汽车市场消费者需求的重点，兼顾了东西方消费者的偏好。当前，日本车的造型风格汲取了欧美众多名牌汽车的优点，形成了一种简约、务实、淳朴的造型风格。

2. 韩国车

韩国车的造型设计理念主要是轻巧耐用、简洁圆润、至美浑厚、视感亲和。

韩国人非常尊重知识，崇尚实力。他们勤奋、灵活，但眼光并不开阔、思维方面也比较固执，民族自尊心很强，所以有强烈的拼搏精神，善于合作、协调。韩国政府十分重视民族汽车的造型设计发展，倡导向美国、日本等一些比较先进的国家汲取经验。与此同

图 3-27　韩国现代汽车

时，韩国设计师也十分注重去挖掘本国及邻国的民族特色元素，并且将其巧妙地应用于汽车的造型设计中。韩国比较有名的车品牌主要有现代、起亚，如图 3-27 所示。

3.中国车

中国车的造型主要表现为庄重大方、深沉内涵、中庸平和,体现出的是五千年中华民族的优秀传统文化精髓。

中国人向来都是以隐忍宽容、智慧内敛、稳健持重、节俭持家等美德闻名于世的。1956年7月14日,"解放"牌载货汽车从长春一汽总装线上盛装下线,中国汽车工业以此为开端逐渐发展起来,开启了中华民族汽车工业发展的新纪元。1958年5月12日,第一辆"东风"牌轿车诞生;同年8月3日,第一辆"红旗"牌轿车问世,标志着中国汽车业开始向塑造民族独立品牌的目标迈进。半个多世纪以来,中国的汽车工业发展经历了由自力更生到逐渐打开国门,从寻找合资发展到民族自主品牌创新,产品发展日益成熟。

中国的汽车产品在形态方面都体现出非常好的对称美。整车的造型也带给人一种中庸、平和、顺畅的视觉效果。车身结构非常合理、工艺精良、大气而兼具沉稳。空间宽敞的内室,展现出的是一种极强的中国元素以及美学风格,宜人性也得到了非常充分的展现。

2001年,奇瑞汽车有限公司拥有自主知识产权的奇瑞轿车A3正式上市。奇瑞A3不但可以很好地满足普通家庭的使用,也可以满足个人对于驾驶乐趣的需要(图3-28)。在外观上也彰显出时尚、动感的特征,

图3-28　奇瑞A3

整体设计也非常老到、和谐。贯穿全身的挑高腰线,使整车都极富运动感。后门把手设计别具一格,让人惊奇不已,座位的设计也与众不同,很有新意。

2009年,中国汽车在全球的产销量跃居第一位,中国汽车正

逐步走进千家万户。面对日益激烈的国际市场竞争大环境,参与创造具有典型中国特色的汽车造型品牌,已经成为设计师义不容辞的责任。

(四)汽车造型设计美学风格的地域特征

汽车造型设计的审美受到来自不同地域环境、地域文化的影响和制约。汽车造型设计美学的地域特征是在特定的地理环境、气候条件、风土人情和文化积淀影响下形成的。本节将分析汽车造型设计所体现出的地域特征。

1.地域差异影响审美与造物

地域环境主要是指人类所生活的自然界,其包括了地形、地貌、气候、土壤、生物、水文、自然资源等多种要素,它是人类生产与生活需要的物质基础,也是文化形成和发展的承载。不同的山、水、土壤以及不同的气候条件,都会生长出完全不同的林木、庄稼、草木。从而就会形成各种各样的种植、牧养和生活习惯,产生了不同的语言、声、色、文化等独特的风格,从而也就凝炼了不同的人群在自然特质和文化习俗方面的不同呈现,正所谓一方水土,养一方人情。不同地域环境下,会产生不同的地域文化。

地域环境的不同形成了审美差异的不同。我国南方的气候十分温润,各种植物、花卉四季如春。南方人在审美的习惯方面,往往都比较青睐冷色调和中色系的颜色等。在造物的形态方面,主要偏重选择一些亲和力非常强的弧线、曲面圆润、和顺光滑的圆角建筑、汽车、家电等产品。而北方的气候非常寒冷干燥、四季分明。北方人在审美习惯方面,通常比较喜欢一些冲击力比较强的暖色调颜色。在造物的形态方面,北方人也更加倾向于一些棱角分明、直线挺拔、刚健有力的建筑、汽车、家电等产品。可以看出,上述差异的主要原因,不是因为南、北方人的大脑结构或遗传因素存在差别,而主要是生活的地域环境不同造成的。由此可见,地域环境中的气候条件,非常深刻地影响到了人们在设计理念与审美活动的方方面面,这同样也会进一步影响到消费的偏好以及消费行为的选择。

2.地域差异影响汽车造型与消费

汽车的造型设计审美,应该充分考虑到不同的地域环境、地域文化之间存在的差异。特别是要很好地处理汽车在造型设计地域和销售地域之间的关系。各种品牌的汽车,因为它们的文化基因存在差异,世界各国在汽车设计方面也都有相应的长项。

美国地域非常平坦广阔,高速公路四通八达,路面条件非常好。在美国,汽车的主要特点就是功率大、加速性能良好,其车身所用钢板非常厚实,造型凸显出刚劲挺拔。

欧洲大陆属于丘陵地带,平原少,丘陵比较多。所以,欧洲车在设计方面非常注重底盘扎实、悬架系统好、制造工艺精良的造型设计。

日本国土狭窄,人口相对比较密集。人们往往爱精打细算,做事讲究效率。

这些特征在 SUV 车型上表现得更加明显(图 3-29 ～图 3-31)。

图 3-29　美国林肯 SUV

图 3-30　法国雷诺 SUV

图 3-31　日本本田 SUV

设计师在充分运用上述设计元素的基础上,着重对汽车的形体功能以及个性做出了刻画。运用大胆、适宜的个性创意设计,引领汽车造型的发展风向。

二、汽车造型设计美学风格的时代特征

汽车造型设计美学的时代特征是指在某一特定时期内所反映的汽车造型风貌,或者说是在某一特定时期汽车造型体现出的特有的美学风格。纵观汽车的发展历史,可以发现随着时代的变迁,汽车造型也会发生变化。不同时代的汽车必然打上各自时代的烙印,呈现出不同的时代特色,展现不同的时代风貌,彰显各自的时代特征。

（一）汽车造型应具有时尚性

汽车造型设计师通常都会通过对造型设计中美的本质的把

握,让汽车变成一个"带有呼吸的生命体"。美轮美奂的车型,速度和空间进行良好的交错,充分表达出了汽车在空间视觉艺术方面存在的时代特征。汽车造型设计所具备的时尚性着重于引导与创新,充分反映出了现实汽车在科技水平以及人文精神方面存在的较高的审美需要。引导属于时尚汽车发展的重要方向,创新则属于汽车造型设计的直接目标。随着现代科学技术发展水平的不断进步,人们在生活水平方面得以快速的提高,时尚审美同样也相应地发生了极大的变化。新汽车产品必须也应该满足当下的审美品位,才有可能打动消费者,获得市场的发展份额。

时尚汽车造型设计,在张扬其个性、展现出自我的基础上,还兼顾了色彩和流行同步、形态和时尚并置的典型特征。时尚汽车所呈现出来的形态风格主要展现在汽车的色彩流行方面。为了进一步引导流行时尚的元素,体现出现在高科技前卫的潮流,发达国家已经相继成立了与之相应的研究机构,专门用于研究潮流、时尚文化和现实的典型特征,进而也为大众与相应的部门提供一个可以分析和参考的信息,从而就能进行设计分析与定位。总而言之,汽车造型设计必须要符合时代发展的潮流,反映出时代的整体新面貌,这也是汽车造型设计美学不断发展的必然方向。

(二)汽车造型设计的时代特征表现

汽车造型设计的美学时代风格的展现,是和现代汽车技术、政治、经济、文化等多重因素共同交织、相互统一在一起的,呈现出十分复杂、多变的特征。某一个时代的汽车,一方面不同程度地反映出了这一时代的汽车技术拥有的发展水平,体现出了其共同发展的时代性;而另一方面,又充分表现在汽车的时代特征、体现出时代精神上,充分彰显出汽车的形体、色彩、质感效果等多个方面存在的差异。

第四章 现代汽车造型设计理念与方法

现代汽车造型设计理念和方法,满足了现代社会发展过程中汽车设计方面的需要,同时,也基本上遵循了人们在汽车造型审美方面的视觉美。为此,我们在本章重点论述现代汽车造型设计理念与方法,主要包括两个方面的内容,即现代汽车造型设计理念与方法、现代汽车造型设计的流程。

第一节 现代汽车造型设计理念与方法表达

一、现代汽车造型设计理念

现代汽车造型设计的主要理念包括三个组成部分,即系统化、创新性、人性化。

(一)设计的系统化

1. 系统论

系统论被公认为主要是由美籍奥地利理论生物学家贝塔朗菲创立的。系统论的核心思想主要为整体观念。他重点强调的是,任何一种系统都属于一个有机整体,它不是各个部分的机械集合或简单相加。系统的整体功能是各个要素处于孤立的状态之下时所没有的。亚里士多德也曾经指出:"整体大于部分之和"。

系统中的各个要素并非是孤立地存在的,而是在系统之中处在特定位置上的,起到一种较为特定的作用。

现代科技的快速发展呈现出两个非常重要的走向,影响着现代汽车设计和设计思维的发展,也就是分支化和一体化的发展趋势。汽车主要是由若干个相互之间进行关联的要素所共同构成的一个集合体。汽车设计往往都是一个过程系统,汽车造型设计同样也是构成这个集合体或过程系统的重要过程之一。

2.系统化特征

(1)设计系统化。从学科的角度来讲,汽车的造型设计主要是综合了现代科学技术性和艺术性两个主要的方面。作为科学技术的一面,它主要涉及自然科学和社会科学非常多的学科领域,作为艺术性的一面,它主要涉及美学、技术美学、审美心理学、符号学、艺术门类学等多个学科。

汽车造型设计同样属于整车设计之中最初阶段的一项综合构思。

汽车造型设计师的工作处于整个汽车产品开发系统中非常关键的一环。汽车造型设计师首先需要很好地去倾听、了解由营销部门所提供的市场信息以及对商品的种种要求等,其次,还需要充分考虑到技术部门以及产品开发部门相关的研究成果,包括汽车开发研究所具备的各种技术提案。通过以上的系统的操作过程,造型设计师才能够对车辆的造型设计做出比较合理的把握。

(2)产品系统化。自从出现了人类制造产品开始,系列化的产品形式就已经存在了,但是,系列化产品现在则存在着非同寻常的意义。

首先,对于商业的意义而言,系列产品的开发主要是进一步提高市场竞争力非常关键的策略,进一步增加了产品的覆盖面以及提高了产品的适应性。现在的市场正朝着一个多元化的方向快速发展,多种需求以及个性化的消费正在日益成为主流,系列产品以其多变、宽泛或者要素组合等多种方式构成了十分丰富的产品系统。

其次,对生产的意义。面对产品的多样化需要的现实情况,基本上没有哪一个大的汽车企业可以只靠生产一种型号的产品而存在,而更多的是同时生产几个或者很多种型号的汽车。这就势必会影响到对产品设计方面的需要,使企业的一系列产品都可以以最低的成本被设计出来。进一步去解决这一问题的有效方法之一,就是开展产品的系列化设计(图 4-1)。

图 4-1　东风系列汽车(部分)

(3)品牌系统化。品牌系列主要是指在同一品牌下,各车型以及各车型自身的造型系统都存在着各自的独有特点,共同维持着某品牌独立的企业形象。如美国的通用汽车公司,旗下则包括了五个较为独立的汽车厂家,即旁蒂亚克、别克、雪佛兰、奥兹莫比尔以及土星。当前拥有的通用悍马、凯迪拉克、铃木、欧宝、绅宝、富士重工等品牌同样也都具有各自独立的市场覆盖面以及造型特征。

造型设计师一定要充分了解所设计车型开发的主要目的,其与本集团的其他品牌车或者其他汽车集团的车型之间在功能、造型方面存在的区别和定位，充分考虑到怎样在造型中体现出本品牌的车型所一贯需要保持的形象，明确其开发车型所具备的独有特点，如奔驰汽车的不同车型（图 4-2）。

图 4-2　奔驰汽车的不同车型

（4）成套系列。成套系列主要是指在同一品牌下多种类型的产品，各类型的产品所承担的各种完全不同的角色，为了共同满足整体的目标从而就能够构成产品系列。这种系列同样也可以形成品牌的家族系列，但是它更加需要强调的是一套系统相互间所构成的联系性和完整性，而并非是单纯地在造型形式上做出的统一（图 4-3）。

图 4-3　汽车产品的成套系列

(二)创新性

满足功用通常也属于造型的基础,满足安全则是造型的重要前提。

从汽车诞生到不间断快速发展的过程中,人们对于速度、安全、舒适的要求进一步推进了汽车造型的改进,大体上经历了以下几个主要阶段的创新过程。

(1)无马的"马车"属于汽车机动化的发端,当时还没有引入空气动力学设计的基本原理。

(2)为了适应当时自然天气等恶劣的状况,车身开始逐渐实行封闭造型,从而就形成了箱型车。

③为了进一步提高车速,风洞测试在这个领域进一步推动了流线型车型,代表作品主要是"甲壳虫"汽车;

④"甲壳虫"乘坐空间的狭小以及遭遇到横风的不稳定性,进一步催生了船型车逐渐走向兴盛的发展阶段;

⑤船型车相对比较长的尾部非常容易形成强气涡流,所以才会出现斜背式的鱼型车;

⑥具有非常优美的后部曲线的鱼型车,也往往比较容易形成很大的升力,为了能够在行驶过程中保证稳定性与易操纵性,车身的后部平直楔形车在这个时候悄然登场;

⑦融"高速、安全、舒适"为一体的子弹头型汽车,在人们永无止境的理想追求中登场;

⑧现在、未来人类对于交通机具的无止境追求,同样也把如何不断超越提上了日程,值得我们期待。

(三)人性化

1.将新科技、新工艺应用于产品中

吸引消费者重复消费,是让设计师在新产品中不断地重新设计的根本动力;而消费者的重新消费动力的进一步产生,除了在

观念、文化的发展以外,最为重要的就是使科学技术得以快速的发展。

越来越多的汽车在设计过程中开始出现大量使用数字化与高科技的配件的情形,并且还把他们当作现在汽车的主要卖点。

2.对功能部件实施有机整合

20世纪50～60年代,设计界进一步提出了"有机现代主义"的基本概念。在设计过程中,现代汽车的内饰采用的多是环保材料,如PVC革制材料被人们广泛地用在了车门内板中,具有十分舒适的手感,容易保持门内板的完整性。

金属材料是一种最易于成型、坚固、廉价的材料,但是并非意味着它可以适用在汽车的每个组成部分上,所以,还要对其他制作材料进行有机整合利用。

二、现代汽车造型设计创意思维方法

当前,在自然科学与社会科学等多个领域中都已经使用了很多的创新方法,具体算来应该有300余种,下面我们列举一些比较常用的创新思维方法。

(一)模仿设计法

模仿,可以用更短的时间和更少的资金达到所预期的目的。模仿通常可以分为两种主要形式,即同类模仿与异类模仿。

1.同类模仿

主要是对同类产品做出模仿。例如,市场上已经出现了一款两厢式的家庭小型乘用车,造型也非常的活泼可爱,色彩多样,极富有个性化色彩。随后则有其他的汽车厂商同样会推出一款针对这类客户的小型乘用车去争夺这一市场的份额,也能取得一定的成功,如奇瑞的QQ(图4-4)。

图 4-4 奇瑞 QQ

2.异类模仿

主要是对不同类型的产品或者事物做出模仿。异类模仿在古代的设计活动中就有运用,比如仿生。形态的模仿是造型设计中比较常用的一种手法,通过仿生设计去表达特定的文化、象征等产品基本语意。如甲壳虫轿车的设计(图 4-5)。

图 4-5 甲壳虫轿车

(二)移植设计法

它类同于模仿设计,但是又并非简单的模仿设计。英国科学家贝弗里奇说:"有的时候,决定一项研究的基本思想是来自应用或移植其他领域中发现的新原理和新技术"。这恰好概略地说明了移植设计这个关键性的问题。

由此可以知道,所谓的移植主要是把其他产品中的某些原理、特点、形式或者其他已经具有的技术成果,在某种目的要求之下进行移植、再创造,进而形成一种全新的概念或者产生另外一种完全不同的产品。例如,把航空航天所使用的某些技术应用到汽车的技术之中,依此类推,可以把汽车中的技术应用到摩托车或者自行车的生产制造过程中等。

(三)特性列举法

这种方法通过对被研究的对象进行分析,要求参与者把事物的特性逐一列举出来,从中发现需要改进的问题或特征,并抓住某个具有现实意义的特性进行思索,从而创造出具有某种特征的新产品方案。

运用这种方法时,通常需要考虑事物三个方面的特征。

(1)名词的特征。就一件产品来说,要用恰当的名词来表达其组成部分和各个要素。如"形态""结构""材料""原理""部分"等特性。

(2)形容词的特性。如用"圆的""小的""红的"等来表达产品的性质、颜色、大小、轻重等特性。

(3)动词的特性。如用"通电""切削"等动词来表达产品的技术性能、可靠性、易维修性等功能方面的特性。

这样从不同的角度把事物分解为一系列特征,使问题简单化、具体化、易于发现并解决。

(四)头脑风暴法

简称 BS 法,采用会议形式,在良好的创造气氛中对某个方案进行咨询或讨论,发表各自的意见进行集体创造,与会者不分职务高低,平等地、无拘无束地发表见解,不受任何条条框框的约束,其他人则从发言中得到启示,进而产生联想,提出新的或补充的意见,当会议结束时,一个充满新意的方案可能就随之诞生了。讨论时应注意以下几条规则:

1）禁止反驳或批评不同的设想。

2）提倡自由奔放地思考。

3）提出的设想越多越好。

4）允许在别人意见的基础上加以补充，使之更完善。

5）不实行少数服从多数或个人服从集体的规则。

6）各种设想无论可行与否，都记录下来，不当场作判断性结论。

（五）其他创意方法

1. 缺点列举法

通过逐一找出所研究对象存在的缺点或不足，引起重视，以便能有针对性地找到改进缺点的方法，克服"熟视无睹"，用"苛刻"的态度去找缺点，找到改进的方法与措施。缺点主要分为两类：显露的缺点和潜在的缺点。在具体操作过程中，研究主题宜小不宜大。碰到较大的课题时，可以按照层次将其分解成一些比较小的课题，然后再一一列举其缺点。

2. 希望点列举法

这是一种比较积极、主动的创造方法，不受现有事物状态的约束，而是将所希望达到的目的或要求，甚至将幻想一一列举，从中寻觅可行的希望点，作为创造与设计活动的目标。

3. 发散思维

针对所给出来的信息形成的问题，求这个问题尽可能多的解，这种思维过程就可以称作发散思维。例如《创造心理学》中列举出来的例子。假设问："试列举砖头的各种用途。"答案最少应该有下列的各种情形：能够造房、筑墙、修阶梯、造马路、压东西等。这方面的回答就具有典型的思维发散性，由于它能够任意地想下去。分析上项的答案就能够看出来，前四面的答案属于建筑类的,对砖的用途而言则是习常性的,后一种主要是非习常性的。对创造性的思维来说,运用发散思维,做出一种非习常性的联想,化好似、无关为有关,引发出一种新思路,同样是十分重要的。美国著名的心理学家吉尔福特(Guilford)重点强调在发明创造中需要高度重视发散性思维。

发散思维常常都会用于寻求某一个问题的多种不同的答案过程中。但是,当很多种不同的可能性答案被人们提出来之后,又会出现一个优选问题的过程,这就需要用到收敛思维。所以,发散思维与收敛思维在实际的应用过程中都是相辅相成的。

4.组合法

就是将两种以上的产品、功能、方法或者原理充分揉合到一起,使其可以成为一种全新产品的创造法。组合方法分为很多种类型,例如:①根据产品的种类分,有同类或者异类产品的组合,还包括主体附加其他等;②根据功能来分,主要有功能间的组合、引申以及渗透;③根据组合的数量进行划分,主要分为两种功能或者多种功能之间的组合。

5.科学幻想法

一种依靠将未来技术与创造性想象力充分揉合成一体以便去捕捉现实世界的另外一种方法。这种方法实施通常都是无法精确阐述出来的,与此相关的主要是使用相关逻辑、非线性感知的方式,以及非全局性的主题理解。科学幻想法主要是使用者将社会的形式、行为方式、物质元素等多种类型都组织成一幅画面与一个整体。

早在19世纪,一些想象力比较丰富的作家,就已经基于自己的幻想创作出非常多带有超前意识的科学幻想小说。例如,《从地球到月球》《海底两万五千里》和《在地球之外》等小说中所描述的一部分预见非常具有超前性、准确性,对科学发展是有一定影响的。

由此可知,科学的幻想应该具有科学的预测能力。这种科学幻想预测方法通常都是以人类的直觉作为基础的,对未来做出预测,并且加以充分利用的手法之一。

6.情景描述法

也可以叫作"脚本"法,主要是用在政治、军事研究方面进行的系统分析,现在已经开始应用在经济、科技等领域的预测。

情景描述法通常都是从现在状况出发的,将未来可能性的发展运用一种脚本方式做出综合的描述。这种方法往往都是先将各种预测结果率先提出来,之后再考虑中间可能会出现的偶然变化等多种形式的因素,进而能够描绘出可能性比较高的未来景象。情景描述法一个主要的优点就是可以对未来做出一个相对长期的以及多种可能性的描绘,并且可能强调出其中的特征性现象。同时还应该充分考虑到心理、社会、经济、政治等多个方面的特征,使人可以全面理解相互之间存在的联系,进而有助于拟定一个具体的解决问题的方案。

三、现代汽车造型设计表达方法

书面语言——文字
口头语言——语音
手绘图(草图、效果图、平面图)
计算机辅助设计(二维、三维)
模型制作
平面展板
虚拟设计(动画)
综合表达(含图表)

第二节　现代汽车造型设计的流程

一、现代汽车造型设计的基本流程与方法

首先,车型定位。即预测市场的需要,做出车型定位。

其次,设计任务书。必须是经过国家机关或者企业最高领导的批准之后,作为一项指令下发给设计部门的,以便能确定好生产的纲领,考虑拨款以及投资等多个方面问题。设计任务书主要包括下列几方面的内容:

(1)对产品的技术指标做出相应的描述,其中要写明对汽车的车型、各主要尺寸、质量指标、性能指标和各总成的型式以及性能等多个具体的要求。

(2)设计好开发的进度时间表。

(3)设计调研。主要包括使用调查、市场情况、潜在需求、对比竞争企业同类车型的状况,企业在技术、工艺能力、生产规模,新技术、新工艺、新材料等方面存在的问题。

(4)设计定位。分为非限定性定位和限定性定位。回答"5W1H":Why(开发理由);What(它是什么);Who(谁——用户);When(使用时间);Where(使用环境);How(使用方式)。

设计的基本流程如图 4-6 所示。

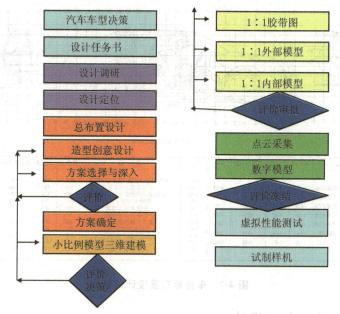

图4-6 汽车造型设计的基本流程

(一) 总布置设计

1.整车总布置设计

主要的任务就是，正确地选择性能指标、重量以及主要的尺寸，提出整车总体的设计方案，规定好各个部件所需要的参数以及其具体要求。同时，还需要考虑到一系列变形车的设计方案。

2.车身总布置设计

车身总布置设计是汽车总布置设计非常重要的组成部分。汽车的总布置一般都是由整车部门负责，而车身的总布置往往也都是由车身部门负责完成的，两部门一定要进行紧密的配合。车身的总布置任务是将人员与货物安排在一个比较恰当的位置。

定出汽车的基本尺寸与形状，作为造型设计最原始的依据（图4-7）。

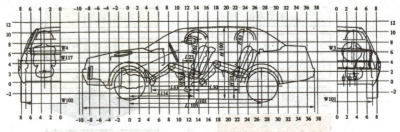

轿车车身总布置示意图

代号	项 目	奥迪 A6	小红旗	桑塔纳 2000	捷达	代号	项 目	奥迪 A6	小红旗	桑塔纳 2000	捷达
L103	汽车总长	4886	4792	4680	4385	L114	前轮心至 R 点距离（R 点 x 坐标)	1329	1353	1304	1297
L101	轴距	2850	2687	2658	2471	L53	R 点至地面水平距离	833	837	866	833
W103	汽车总宽	1810	1814	1700	1695	L50	前座 R 点至后座 R 点水平距离	940	838	904	735
W117	车身宽度	1776	1782	1676	1682	L23	座椅 H 点水平行程	193	216	216	223
H100	汽车总高	1451	1421	1423	1424	H5	前座 R 点至地面	494	512	494	509
W101	前轮距	1540	1476	1414	1464	H10	后座 R 点至地面	506	512	512	518
W102	后轮距	1569	1483	1422	1446	H30	后座至圆弧点垂直距离	267	289	289	228
						H61	前座头部有效空间	999	962	977	967
						H63	后座头部有效空间	960	954	967	946
						W3	前座肩部宽度	1427	1442	1376	1365
						W4	后座肩部宽度	1415	1406	1370	1364

图 4-7　车身总布置设计数据

(二)造型创意设计

构思草图,一定要以总布置设计已经给定的基本尺寸与形状为主要依据。造型师在绘制构思草图时,还应该有自身的特色,需要注意的是:

1)不能和现有的车型一样。

2)不能和自己已经绘好的图样一样。

3)草图的数量不可以太少,每个小时应画 4～5 张,每天应画 30～40 张(图 4-8)。

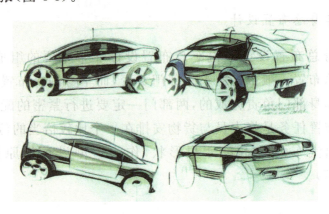

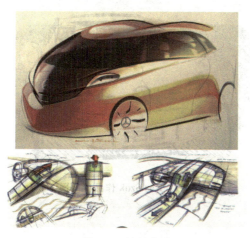

图 4-8　绘制草图

二、草图设计方案

有时候一些十分精妙的构思往往会在人的头脑中稍纵即逝，因此，设计师一定要具备快速与准确的速写能力，以便可以记录下来一些比较好的想法。汽车设计草图实际上就是在进行设计过程中，设计师将头脑之中的抽象思考变成具象的形态时，迅速地把构思、想法记录或者表达出来的一种描绘。它不仅仅属于一种记录与表达，同时对于设计师而言也是通过不断的创造、修改设计草图，对其设计对象加以构思与推敲。

下列几位设计师的汽车草图（图 4-9～图 4-11）都体现出了自己很强的风格特征。

图 4-9　Kas Szǎk 作品(部分)

图 4-10　Maxim 作品(部分)

图 4-11　Popkov 作品（部分）

通常而言，设计草图并非是追求炫酷的设计效果，图面构成一般都非常简洁，主要是以简单的线条勾勒出了车身造型的关键线以及其轮廓线，进而反映出车身或者内饰的基本形态、构造以及比例关系。设计草图的精细程度同样也取决于设计师的绘图习惯与表现能力。有一些设计师非常喜欢使用线条去表现整体轮廓以及其构造，构思非常缜密，表达结构非常清晰。有一些设计师同样也十分喜欢辅以简单的明暗与色彩渲染，表现形面的变化，烘托出整体的氛围。但是在最后的阶段，设计草图（图 4-12）都要达到可供评审的表现要求。

图 4-12　草图设计达到可供评审的表现要求

设计草图通常在创意设计过程中的作用要远超其他任何一种手段,它属于设计师创新思维最初的载体,是汽车造型设计流程中图面工作创作的起点,是所有设计从无到有的重要基础,也是每一个成功的车型最初的"诞生地"。

(一)汽车设计草图种类

1.记录性草图

记录性草图通常都是供设计师们收集资料与进行构思整理时所使用的,因此常常都非常清楚、翔实,而且往往画些局部的放大图,以记录一些比较特殊和复杂的结构或形态。这类草图对以后的设计工作或正在着手进行的设计工作具有十分重要的作用,同时对拓宽设计师的思路和积累设计经验也有着不可低估的作用。

2.思考性草图

充分利用草图进行形象与结构的推敲,并且还要把其思考的过程充分表达出来,也就是对设计师的构思加以再推敲与再构思,这种用途的草图通常都会被称作思考性草图(图 4-13)。思考性草图更为偏重于思考的全过程,一个形态的过渡以及一个小小的结构,一般情况下都需要经过一系列的构思与推敲。

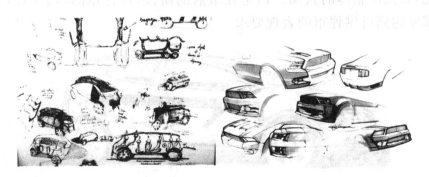

图 4-13　思考性草图

设计草图通常都是设计师与设计伙伴以及设计委托人之间

进行信息交流的重要手段。这就需要设计师在设计开始的阶段，通过草图能够非常清楚地说明他想要表达的自己的设计意图，以便得到别人尤其是合作者的理解，这是每一位设计师所应当具备的基本表达技能。

（二）汽车设计草图的理论基础

1.汽车造型比例特征的理解

不同车型在造型的特征方面是各不相同的，各部分之间的比例也差距甚大，这都给设计师的创新设计提供了非常宽的思路。但是作为一个非常专业与负责任的汽车设计师，一定要把握住每一种车型各自的外形比例特征，明确车型大体的体量关系，包括一些非常重要的特征形态位置和尺度；同时，要理解在实际使用的时候在使用功能、人机关系和加工工艺等多个因素的影响下，各部件相互间存在的比例关系。比如，我们在设计草图的过程中需要保证乘客舱的使用空间可以进一步满足乘客的舒适性需要，这就决定了这一部分不可以无限制地变形和缩小，在设计保险杠、进气格栅、前灯、尾灯、后视镜等多个小的部件时，就一定要充分考虑到它们的相对位置和所占造型的比例。只有在充分理解比例特征的基础上，才可以让设计在天马行空的同时能够有的放矢、收放有度。

在汽车设计的过程中，我们通常会使用车轮作为在各个不同车辆间进行比较的通用参照物。车轮成为非常理想的比对参照物，是因为车的车轮一般都有明确的尺寸要求，规定了一些标准的尺寸——包括轮毂直径等对侧面影响较大的尺寸。一般情况下，同一级别的车型往往会使用相同直径或近似尺寸的标准车轮。如果以轮子的直径作为一个单元的话，可以基本把握不同车型的尺度与比例特征（图4-14）。前轮轴心和后轮轴心之间的距离，叫作轴距。如果在正侧方向观察到一辆普通轿车，其前后两轮之间的间距大体上是2～3个车轮的直径，而车高一般都在2

个车轮直径左右。我们可以充分利用车轮和车身之间的比值帮助确定车身的侧面各部分的比例大小，进而能够准确地把握住汽车侧面造型重要的比例关系。轮间距太小的话，造成了全车的比例短小，车高过高，超出了其和车轮之间实际的协调比例。作为比例基准的轮子形态不准确，正侧视时将轮子画成椭圆形，或在透视图中将轮子画得过于扁长，会使整车的比例也随之失调。

图 4-14　不同车型的尺度与比例特征

2.绘制设计草图的常用工具和使用方法

绘制设计草图所用的工具种类非常多，设计师能够按照自己的需要以及偏好做出选择。常用的草图绘画工具如下。

笔：铅笔、签字笔、圆珠笔、彩色铅笔、马克笔、毛笔、底纹笔。

尺：直尺、界尺、曲线板、圆模板、椭圆模板。

纸张选用的是表面比较细腻、吸水性较好的纸张。

彩色铅笔通常都有比较多的色彩可供选择，对纸面的附着力也要比普通铅笔更强，能够轻松地对关键的造型线做出强调与肯定，方便表现出不同层次的线条对比，突出画面虚实变化关系，而且在出现了错误时能够使用橡皮擦除。所以，彩色铅笔是很多设计初学者常用的工具之一。

由于圆珠笔不会在短时间内就被磨损而导致笔触变粗，落笔之后的线条粗细均匀，线条稳定，画面就变得十分干净，也是一些设计师非常喜爱的工具。

在汽车的设计过程中，基本上不会出现完全笔直的线条。曲线板能够提供完全不同弧度变化的曲线，在表现车身的线条方面也十分有用，椭圆模板包含了很多不同直径大小的椭圆，为能够很好地表现出车轮区域的作图带来了很大的便捷。所以，灵活运用曲线板和椭圆模板是设计草图后期细致准确地表达设计方案的重要手段。

(三)汽车设计草图的绘制方法

1.正侧视图

在绘制汽车设计草图时，通常先设计汽车的三视图，其中正侧视图(图 4-15)是重中之重。此时，重点就是要调整轴距大小以及轴距和车身总体尺寸之间的比例关系，从整体角度检视出汽车的轮廓、姿态，忽略掉细节，强调创新点。在设计的前期阶段，并不需要追求线条简洁、构图的清爽，通常都是由设计师去自由发挥，只要可以记录设计师瞬间的灵感和想法即可。

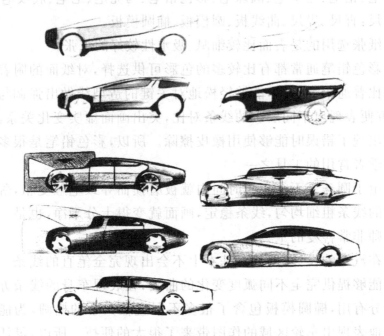

图 4-15　设计师对正侧视图的推敲

当好的设计构思出现时,想要快速抓住这种感觉,并且进行深入的发展,并不需要再重新画一遍图,因为不同的方案比例肯定会出现细微的差异。这时可使用半透明的硫酸纸,盖在希望深入发展的方案上面,对肯定的部分加以描绘,同时再对其他的部分做出修改,这样重复几次,就能够把一个构思草图发展得非常完善(图 4-16)。

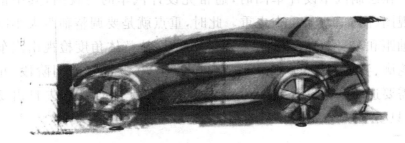

图 4-16　用硫酸纸盖住描绘设计构思

2.透视图

在前期的大量正侧视图方案之中选取可深入发展的方案,在这个方案上做出初步的透视图设计,以便能够验证正侧视方案是否合理,是否可以把正侧视方案发展成透视图并且保持正侧视图整体的氛围。

对于透视图(图 4-17)透视关系的选择,普通人眼的视平线高度为 1300～1700mm。如果我们在约 10m 的距离之内去观察汽车,选择两点透视表就可以了。而在非常大的俯视、仰视角度,或者是须表现出某些特种车辆(如高顶重卡、大型客车、大型工程车辆、大型军用车辆等)较大的高度时,则可以适当地使用三点透视法。在手工绘制草图、效果图时,需要依靠设计师的个人身份经验与感觉去找准透视关系,这依赖于敏锐的观察、扎实的手绘功底和长期的绘画经验。

汽车设计草图比较常用的透视角度主要分为两种,即 45°透视法与 30°～60°透视法。

(1)45°透视法。主要是把汽车放在左右两个灭点之间的中心位置,汽车的正面和侧面的透视变形基本上都是相等的,而且两面需要被同等表现的透视图(图 4-18)绘制方法。

图 4-17 透视图

图 4-18 45°透视法

（2）30°～60°透视法。通常都是比较常用在汽车正面和侧面的、具有主次关系的，需要分别进行表现的透视图（图 4-19）绘制方法。在这种情况下，汽车一般都要靠近两个灭点中的一个。

图 4-19 30°～60°透视图

还有一些其他角度的透视图（图 4-20），通常是为了表现特殊角度，如顶部的造型特征，或者为了追求夸张的视觉效果而选取的特殊角度。在汽车设计草图的绘制过程中，并不限制角度的选择，但是为了防止过于夸张的角度会对评审有所误导，最终还是会回归到常用的透视角度。

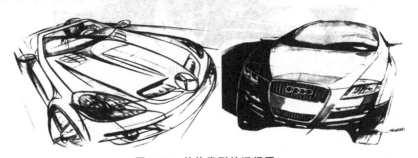

图 4-20 其他类型的透视图

（3）根据车轮推出整体比例。车轮是整车造型设计中的重要参照物,也是整车透视形态准确与否的关键。在设计草图中,我们可以根据轮子来推出整体的比例,这里有几个很管用的使用原则。

在侧视图中,如果前轮与后轮之间的距离可以放 3 个轮子的话,那么在透视角度中,这种比例关系是不会改变的。也就是说在透视图中,前后轮之间仍然可以放置 3 个轮子,但不是正圆,而是轮子透视变形的轮廓——椭圆(图 4-21)。

图 4-21　轮子透视变形的轮廓——椭圆

3.细化设计草图

前期的设计草图通常不讲究版面,不强调表现,主要目的在于记录想法、构思和推敲方案。在各方案的大体框架已经确定下来后,需要对此方案进行深入发展,继续推敲设计细节与比例。此时的设计草图也可以作为将来评审的交付图纸,因此要有清晰的表达与合适的构图。确定构图时要规划有几辆车、每辆车在画面中的位置,并考虑各车相互之间的关系。常用的构图方式有三种标准单车构图、满充式构图和经典的双车搭配构图。

(1)标准单车构图。标准单车构图(图 4-22)是一种很常用的画面构图,在被表现的汽车周围留有合适的空白,使画面周围有足够的空间呈现部分透视线的痕迹,从而强化了整个画面的透视趋势,并具有很强的手绘草图味道。

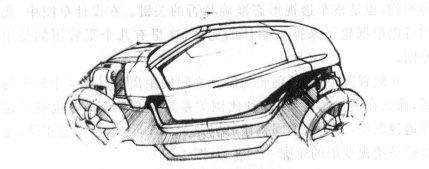

图 4-22 标准单车构图

（2）满充式构图。满充式构图画面基本被所要表现的对象占满，四周只留下很小的空隙。这种构图（图 4-23）非常具有冲击力，可以最大限度地让观者将注意力集中到作者所要表现的对象上。

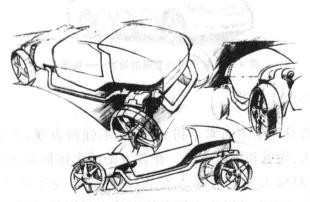

图 4-23 满充式构图

（3）经典的双车搭配构图。经典的双车搭配构图由于画面中多了不同角度的表达，构图时就要注意对两者关系的处理。一般这两个对象要分出主次关系，比如前脸的效果图更大，后 45°透视效果图较小。这种有主有次的组合关系既丰富了画面，也避免了平均、呆板，使画面中的视觉中心突出（图 4-24）。

图 4-24 经典的双车搭配构图

除以上常用的构图之外,还有很多种构图方式(图 4-25),只要设计师认为可以准确明白地说明设计思想和方案特色即可。但是在企业内部一些正规的方案评审会上,往往会对参加评审的方案效果图提出一些标准化的构图要求。

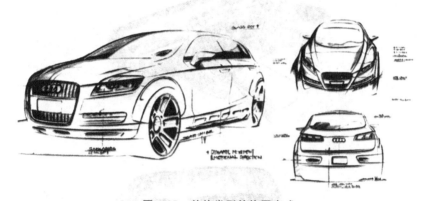

图 4-25 其他类型的构图方式

(四)方案深入与确定

彩色效果图通常都是能够比较完整地表达出汽车造型效果的一种绘画。同时也是方案的深入、互相研讨以及交流的主要参考、是汽车选型的主要依据(图 4-26)。

图 4-26　彩色效果图

　　方案的深入,需要充分反映出整车的外形、室内造型及局部的造型,同时也需要很好地表达出汽车的基本结构(图 4-27)。

图 4-27　方案需要表达出汽车的基本结构

(五)小比例模型与三维建模

1.小比例模型

汽车模型常用比例为 1∶4,1∶5,1∶8,1∶10,特别是以 1∶5,1∶10 最为多见。模型由油泥、石膏、木材、塑料等材料制作(图 4-28)。

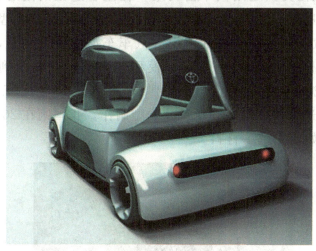

图 4-28　小比例模型

2.三维建模

三维建模的方式可以直观地呈现出设计对象的形象,如图 4-29所示。

图 4-29　三维建模

(六)油泥模型制作方案

最早用于汽车模型制作的材料是木材,但是对于雕塑完成的模型,如需修改,仅仅覆盖先前的形状就非常困难。于是在 1919 年,后来担任美国通用汽车公司第一任主管造型的副总裁,当时的设计师哈利·厄尔,第一个尝试了用水性黏土制作模型。1927 年,通用汽车公司首次将油泥引入汽车车型的设计开发,由于其容易添加和刮削的特性,油泥在模型制作中迅速地得到广泛应用,成为划时代的产物。日本于 1955 年开始使用工业油泥(图 4-30)进行比例模型和全尺寸模型制作。我国则在 20 世纪 70 年代初开始应用这一材料。

图 4-30　工业油泥

1.模型设计流程

在设计开发过程中,油泥模型的工作是从设计师完成设计草图开始的。在获得基本总布置图的基础上,开始制作比例模型(1∶5或1∶4模型)。在比例模型制作的早期阶段,模型设计制作是将汽车平面设计方案的草图、效果图立体化和具体化的过程。在一个立体的汽车形态上,进一步推敲和确定方案就比较容易了。一般一个车型在开发过程中会有多个方案进入比例模型阶段,当比例模型完成时,会进行方案评审,然后决定对某一个方案推敲细节,制作成全尺寸模型。在全尺寸模型制作的同时,个别部件的设计也被分别讨论,并在最后进行的设计评审会议上对生产设计方案定稿(图4-31)。

图4-31 模型设计流程

汽车造型设计是一个二维向三维转化的过程。制作油泥模型是其中非常重要的一个环节。它是设计师从纸上方案到真实车体的一个桥梁,是设计师的思维与创意最形象、最直观的载体。

2.模型师的任务

模型师在油泥模型制作过程中,需要充分配合设计师将设计图上的创意转变成为实体的形式,最终才能转化成实实在在的产品。模型师和设计师之间的关系就如同演奏家和作曲家之间的关系,一个杰出的作曲家能够自由地挥洒灵感,谱出一曲曲动人心弦的旋律,而优秀的演奏家往往都能够领会出作曲家的感情,演绎出一种使人如痴如醉的音乐。优秀的模型师和设计师都是奇迹的创造者。

在创作模型的过程中,模型师的工作主要包括:把设计师的创意变为实体,使比例与主要尺寸都能够被很好地观察到,为后续的设计提供一个良好的框架,精心推敲出线与面的整体趋势,捕捉到设计师的主要灵感,表现出设计师对其整体比例和动势的良好效果追求,最终进行精雕细作,使设计图的韵味得以再现。

作为汽车造型设计流程之中一个十分重要的环节,模型设计在质量和进度方面在很大程度上也都影响到了整体项目的进程速度。所以,模型师一定要担负以下责任:制定与项目进度相协调的模型进度表;处理设计条件和决定的可行性;为产品模型提供有用数据,进行涉及生产设备的合适的测量等。

在汽车设计流程中,只有每一个环节都保质保量并按照时间节点完成,才能有效地推动整个项目的良性运作。

三、1∶1胶带图和1∶1模型

(一)1∶1胶带图

胶带图通常都是造型设计方案由效果图的平面状态过渡到模型的立体状态的一座桥梁(图4-32)。它主要是由造型设计师在带坐标的网格线薄膜纸上,利用专用的不干胶带粘贴出一辆汽车的大致轮廓线条与形状。它主要是由各个视图(侧视图、俯视图、前视图或其他视图)组成的,立体地呈现出造型设计的基本方案,并且还是模型师进行模型制作的主要依据。

图 4-32　胶带图

　　制作车身所用的全尺寸胶带图的关键是要把车窗的区域部分进行暗化,给人一种比较真实的视觉感。使用白胶带条或者使用剪贴纸来表示突出的部分,采用较宽的黑胶带或是使用黑色纸用于表示凹槽与阴影。熟练地运用厚薄胶带粘贴出车门线,同样会增加外面的造型感。轮胎能够使用宽胶带或是卡片来进行表示,或者采用实际的轮胎图片进行表示。胶带可以用来表示阴影进而增强汽车的立体感。设计师能够采用多种方法来达到这种设计的效果,如使用喷枪或马克笔等,这与我们日常表达素描关系的方法存在一定的联系。

(二)1∶1 模型制作

　　1∶1 模型制作有利于对汽车的造型作整体把握,也有利于观察汽车造型的弧线和曲线等(图 4-33)。

（a）油泥制作

（b）三维汽车测量仪

图 4-33　1∶1 模型制作

　　雕塑 1∶1 模型需要很大的工作量,除了需要制备骨架之外,还会用到大约 1500kg 的油泥。用手工把一吨多的油泥雕塑成一个圆滑光顺、尺寸精确的汽车模型是很困难的,费时费力,最快的速度也需要几个星期,所以 1∶1 模型的制作,并不适用在进行整体造型的反复修改之中,否则会得不偿失。

四、点云采集与数字建模

(一)点云采集

图 4-34　点云采集

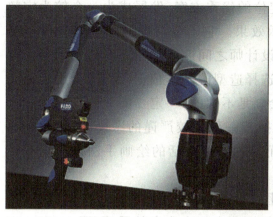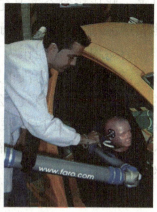

图 4-35 FARO 激光扫描测量系统（美国）

（二）数字建模

建模主要是采用计算机辅助进行的，也是整个造型的重点所在。从产品造型构思到建模的形成，再到使用计算机软件去完成汽车造型，是一个连贯而且十分重要的过程。采用了不同的软件则就具有各自独立的不同建模方法，所以选用一款熟练的、合适的建模软件就十分有必要了（图 4-36）。

图 4-36 数字建模

五、展示效果图

展示效果图的主要作用就是要把从大量的构思草图中筛选

出来一些比较符合产品定位的优秀方案,发展成为一个较为完整地表达出汽车造型的展示效果。它不仅能够验证造型师对于新车的造型构想,还能作为设计师之间进行互相研讨与交流的重要参考,最后还能作为汽车选择造型的基本依据。汽车所展示出来的效果图和一般的彩色绘画是不同的,一定要能完整地表达出汽车的结构,同时还应该要抱着一种比较严谨的态度,不能单纯地为了追求美的视觉效果而故意采用概括的绘画手法来掩盖汽车的结构缺陷。

通常而言,展示效果图需要有正确的透视投影以及比较严格的比例关系,而且还需要很好地表达出汽车的质感(图 4-37)。在过去,展示效果图一般都会采用纸上进行作图,以 A2 或者 A3 幅面为主,大多采用的是马克笔、色粉、水彩水粉颜料、喷笔等基本的作图工具和材料。

图 4-37　福特 kemal curic 汽车设计方案

在现代汽车的造型设计过程中,越来越多的设计者倾向于直接在二维屏幕上制作出一种数字效果图。使用电子效果图系统的最大优点不仅仅是能够免去使用纸、笔,更为重要的一点就是能非常容易地修改、保存设计,并且容易把设计印刷或者传输到世界的任何地方,方便评审,使管理人员可以有更大的决策余地。

在绘制透视图稿的时候,视点的高度最好选 1.5m 或 1.6m,以便满足成年人站立过程中眼睛观察事物的正常感觉。透视角度的选择如果想要表达出汽车的侧面,可以选 30°左右,如果要表达出汽车的正面，可以选 60°左右，如果要同时表达出正面与侧面，则可以选 45°左右。

在整车造型中，造型设计师还能够在开始进行绘制效果图的时候使用正投影的形式给出汽车的三个视图（侧视图、前视图以及后视图）。因为这些视图更富有真实比例的感觉，方便造型师在之后绘制透视投影图时更好地掌握尺寸与比例，也非常方便最后生成胶带图。

在汽车的造型设计后期，方案已经定稿之后，通常都需要制作出展示效果图用来对外公开发布。这个时候并不需要固定的透视效果，主要是追求视觉层面的冲击力以及震撼力，表达出设计的主题，给评审人员一个最深刻的印象。图 4-38 所示就是 jajuar C-X45 车型的展示效果图。

图 4-38　jajuar C－X45　展示效果图

展示效果图不仅能反映出整车的外形，还能很好地反映出室内的造型和局部造型。内饰效果图（图 4-39）更加注重整体氛围层面的营造，要求设计师一定要具备一种非常敏锐的色彩感知力与十分逼真的材质表现能力，同时，效果图还应该具备一种统一的比例以及透视角度，以防出现误导评审人员的情况。

图 4-39　内饰效果图

通常情况下,一幅方案的效果图重点表达的就是整体感觉,对细节以及局部的描述方面往往都是不充分的,所以,汽车的造型整体方案在进一步确定下来之后,还要对很多局部与细节加以造型(图 4-40),这其中主要包括构成车体的本身某些功能部件以及附属部件。一个整体的造型通常都会允许有几种完全不同的局部方案,以便可以进行对比和分析,从中选定和整体相互呼应的最佳方案。

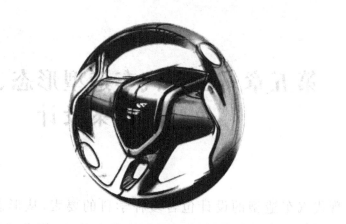

(a)focus方向盘

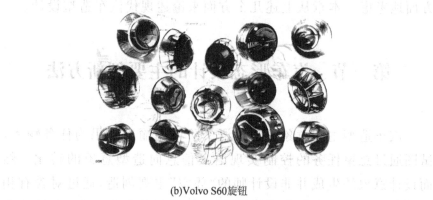

(b)Volvo S60旋钮

图 4-40 局部方案的效果图

第五章 现代汽车造型形态、色彩与图案设计

现代汽车造型的设计包含多种学科的要素，从形态设计方法、室内结构、造型色彩设计到图案的视觉传达，都需要设计师多方面地考虑。本章从上述几个方面来论述现代汽车造型设计。

第一节 汽车形态设计的主要创新方法

汽车造型主题意象任务以语义阶段的输出结果为任务输入，试图通过意象任务的控制实现语义信息向造型意象的转化。然而设计意象的生成并非设计师的"凭空"主观创造，通过对含有相关形态信息的视觉图像进行获取并构成意象看板，可以有效地实现设计信息从语义到意象的转化。

我们需要对意象看板做一套问卷调查，来进行数据的分析，从而得出其本质结论。

首先，在汽车形态设计的方法上，要使汽车造型结构化，主要体现在两个方面：①结构化的视觉要素类型，以各种表现的类别确定意象看板的图像内容，图像被要求表达相应语义信息内容；②意象图像均从整体和局部特征两个层面对视觉要素进行描述，并配合关于语义概念的适当解释说明。

其次，通过对意象看板进行整理和分析，发现意象看板主要在两个方面实现了对于设计师意象信息的表达，即整体意象表达和特征意象表达，分别对应于整体的主题意象和局部的造型特

征。整体意象表达试图揭示概念的主题,着眼于主题概念的整体特征;特征意象表达是对于具体的形的表达,着眼于造型的视觉语言。

最后,分别对比三类角色形容词语义使用偏好及意象看板的关系可以发现,由语义形容词到意象看板构建同时也有助于三类角色间获得更为一致的理解和稳定的造型语义内涵,这在一定程度上为设计师接下来的设计意象提供了重要的基础前提。

以下为一些意象看板。

1)强烈:力量很大,强烈地爆炸,强烈地震撼人心,鲜明;程度很高;强烈地对比,强烈地反应。

2)柔和:温和;温柔;性情柔和,光线柔和;柔软;山形也逐渐变得柔和,很有一伸手就可以触摸到凝脂似的感觉。

3)跃动:跳动。

4)安稳:安定,正常,没有变动;鸟窝只有搭在恰当的地方才能住得安稳和舒适。

5)开放:展开;百花;解除封锁、禁令、限制等;公园每天开放;性格开朗。

6)保守:守旧,不革新;保持使不失去;保守秘密;维持原状,不求改进;跟不上形势的发展(多指思想);思想保守,计划要重新制定。

一、从平面形态到汽车形态

平面形态各种各样,设计师从平面的形态中汲取各种灵感,积累经验,增强汽车的设计感。任何产品最后的形体成立还是要由一个具体的形态来体现。人们在造型形态上有感性和理性的体验,感性体现了人对形态所产生的千变万化的情绪,以及对心理和精神的影响;而理性则是以感性为基础,去探索和掌握其规律性的东西,以从事形态的创造活动。

（一）汉字

汉字作为中国最具有代表性的独特的元素符号之一,已经被许多国内车企所运用到品牌汽车的形态设计当中,汉字作为一种符号,其具有符号特有的能指与所指相结合的特征。汉字将抽象的文化和概念进行相对具象符号化的描述及表达,在一定程度上代表了我国的文化特征及人文思想,具有极高的美学价值。

汉字作为思想概括和传达的工具,它除了在形态上表现出被描述的客观事物的基本形态之外,其所代表的"意"也非常丰富。例如比亚迪旗下的"元"这一款车的车标(图 5-1),其中"元"所指的是中国朝代元朝的简称,汽车设计师通过汽车独有的设计语言,在其前脸部分的设计中,将"元"字的形体进行提炼和变形。

图 5-1　比亚迪旗下的"元"标志

奇瑞的新老车标基本设计上是英文字母 CAC 的变形,但是标志中间 A 为一变体的"人"字,预示着公司以人为本的经营理念(图 5-2)。

图 5-2　奇瑞新老车标

中华的车标其实很简单,就是一个圆里面一个"中"字,设计人员每天都在查一些各种各样的"中"字,最后选中了小篆这种字体,从小篆演变过来一个"中"字(图5-3)。

图5-3　中华的车标

(二)几何形体

人们对视觉感受主要体现在其外部特征,这些外部特征是由形态的视觉元素展现出来的。具体来讲,视觉元素包括:点、线、面的几何形体。

在数学上讲,线与线相遇而形成的交点,便显示了点的性质。这里,点没有大小和形状的变化,只具有位置作用。

1.点

在点的形态中,不仅圆形可作为点的形态,三角形、四边形、半圆形,以及其他各种形,都可以视作点的形态。但以圆形表现点时,点的感觉最强,这与人对点的概念有关。圆点只具有位置和大小的性质,其他形状的点,除具有位置和大小性质外,还具有方向性(图5-4、图5-5)。

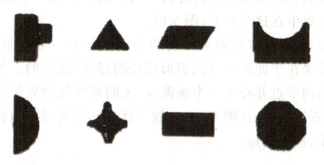

图5-4　点的形态

图 5-5　点的方向

点的大小是相对而言的,要由点存在的环境来决定。一个点在某个大的环境中会感觉小,而在某个小的环境中会感觉大(图5-6)。

就一个点来说,点的形态越小,其感觉越强(必须在视觉可以感受的范围内);点的形态越大,其感觉则越弱,甚至产生面的感觉(图 5-7)。

图 5-6　点的大小感觉

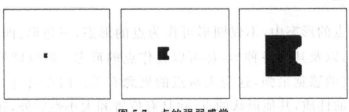

图 5-7　点的强弱感觉

点所具有的紧张性是向心的。当画面只出现一个点时,人的视线就会集中在这个点上(图5-8)。

在视觉上,具有相同力量的两个点并存于一个画面时,人的视线就会来往于此两点之间而形成线的感觉(图5-9)。如果是大小不同的两个点并存于一个画面时,人的视线就会先集中在大点上,然后再转向小点(图5-10)。故三度空间的视觉方向性常常是从大到小、从近到远。

图 5-8　点的紧张性

图 5-9　相同两个点形成线的感觉

图 5-10　大小两个点的视觉先后

以非直线形式组合三个点时,就能感觉到面。点的数量越多,其周围的间隔就越小,面的感觉就越强。图中后两个多点组合中点的位置完全一样,只变化其大小,由于点大小的不同,决定了视线移动的顺序,所以使人感觉到的不是正五边形,而是星形(图 5-11)。

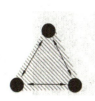  

图 5-11　多点组合的面的感觉

纵向点比横向点间隔小,所以纵向的线型感觉强。纵、横两方向点的间隔相等,所以同时具有纵、横两方向线型感觉。斜向和横向点的间隔相等,所以同时具有斜向和横向两种线型的感觉(图5-12)。

图5-12 点的纵横间隔

两排并列的点,但由于横向点的间隔有变化,让人感觉是三组点群,而不是两条平行线。同明度或同类色的组合可以打破间隔大小带来的影响。尽管纵向点的间隔更小,但由于横向点是同明度的,所以仍是横向线型感觉强;点的大小相同也可以打破间隔大小带来的影响。尽管纵向点的间隔更小,但由于横向点的大小相同,所以仍是横向线型感觉强(图5-13、图5-14)。

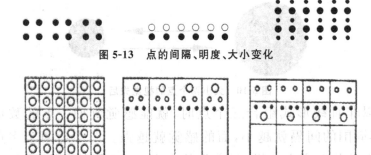

图5-13 点的间隔、明度、大小变化

图5-14 仪器面板造型旋钮的排列

把大小不同点群组合在一起,或转换点的空间方位,会让人感觉是由于点的远近不同而带来的空间变化(图5-15)。

图5-15 空间变化

2.线

几何学上的线是没有粗细的,只有长度与方向。但由于线要用作视觉表现,故与点的表现出现了同样的问题。线必须具备一定的宽度,必须注重线存在的环境,注重线给人的视觉感受。

线是由一个点沿着相续的位置移动所形成的。

直线——在线段的范围内,点的移动是在同一个方向上。

折线——在线段的范围内,每一个相续的部分都改变方向。

曲线——在线段的范围内,每一个点都相继地改变方向,且每一个点的方向是由过各点切线的方向决定的。

按线型分类,可把线分为直线和曲线两种。直线又可分为不相交的直线、相接的直线和交叉的直线三种;曲线又可分为开放的曲线和封闭的曲线两种。

直线给人一种快速、紧张、锐利、明朗、简洁和直接的感觉。细长直线给人纤细、敏锐、微弱和时间流动的感觉(图 5-16);粗短直线给人厚重、朴实、断续和不顺畅的感觉(图 5-17);垂直直线给人向上和端庄的感觉;水平直线给人稳定和静止的感觉;倾斜直线给人一种不安定和倾倒的感觉;曲线给人柔和、丰富、优雅和自由流畅的感觉(图 5-18)。

图 5-16　细长直线

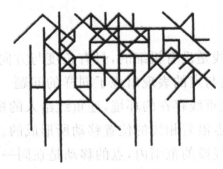

图 5-17　粗短直线

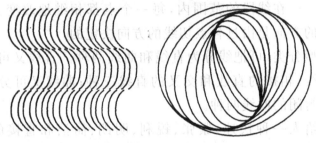

图 5-18　曲线

线的要素首先是长度,然而在造型上,线的宽度可能比长度更重要,因为线的宽度不仅影响到线的感情性格,还影响到线的空间性格。图 5-19 中的 A 线和 B 线长度一样,A 线是粗线,令人有较近的感觉;B 线是细线,则令人有较远的感觉。C 线的左端感觉较近,右端却有深远的感觉;D 线中央部分较近,两端较远;E 线两端较近,中央部分渐远;F 线随宽度变化产生较复杂的远近效果。

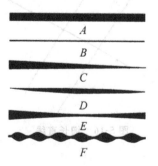

图 5-19　线的宽度的影响

线的宽度影响到视觉对线的感知和识别,如在某两个空间出现一条太细的线段,人的视觉就有可能感觉不到这一线段的存在，或在视觉上不能带来感染力。因此对线宽的研究与运用，是设计者应特别加以重视的内容。

如果把线密集使用，便会形成面，即使全部利用直线排列也可奇妙地创造出曲面的效果。

最简单的方法是把直线密集排列创造平面效果。直线或折线与透视图法结合，可创造出三度空间效果。直线群逐一改变角度，则可创造曲面效果。利用折线可创造凹凸效果。

3.面

平面形态构成中，凡不被认为是点和线的形态，都可以视作面。

(1)线移动形成面。直线平行移动形成正方形或矩形面［图5-20(a)］；直线回转移动，形成圆形或扇形面［图 5-20(b)］；直线倾斜移动，形成菱形面［图 5-20(c)］。

(2)点、线排列形成面。点、线排列可形成各种形式的面，且可由线本身宽度的不同以及排列距离的不同而产生不同的视觉效果。

(3)点、线扩大形成面。点的大小和线的宽窄、长短都是相对而言的，如果一个点出现在一个小的环境中，可以把它理解为面；如果把一条线切断放大，也可以理解为面。

(4)分割再组合形成新的面。以一面形为原单位形，使其分割成数件同形或不同形的单位形，然后组合形成新的面。图 5-21(a)所示为利用一个圆形分割出的单位形，图 5-21(b)～图 5-21(d)所示为由四块相同的单位形组合而成的新面形。

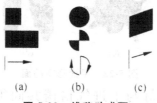

(a)　　　(b)　　　(c)

图 5-20　线移动成面

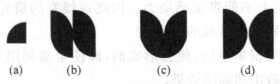

图 5-21　分割组合成面

平面形态把面分为几何性面、有机性面、偶然性面和不规则性面四种。几何性面是可用数学方式构成的面形,其中包括直线构成的、曲线构成的和直线曲线共同构成的三种。几何性面具有明快、庄重、数理和秩序的性格,但常常也给人一种冷漠、生硬的印象[图 5-22(a)]。

有机性面不像几何性面可以用数学方式求出,但它并不违反自然法则。有机性面具有纯朴、温和、亲切的视觉特征,常令人产生浓郁的自然意味的美感[图5-22(b)]。

偶然性面是指偶然产生的面形,作者本身不能完全正确地控制其结果,也难以完全重复。偶然性面具有其他种形态表现不出的视觉效果,如果选用不同材料、工具,或表现方法,可以创造出特殊的效果[图 5-22(c)]。

不规则性面是指用自由直线和自由曲线随意构成的形[图 5-22(d)]。

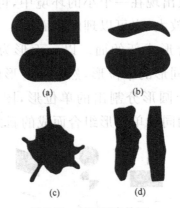

图 5-22　平面形态的面

Ryuga 两侧的车灯与上进气格栅共同组成了一个具有流动感的封闭区域,被定义为"优雅之流"的 Ryuga,充分地将运动气息、青春活力、自信和优雅结合到了一起(图 5-23)。

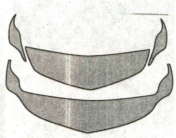

图 5-23　Ryuga 概念车前脸

(三)视觉图像

在设计理念描述过程中,设计师设计理念的获取建立在其语义定位的萃取基础上,并结合特定的传统文化理念。例如,设计师以"象文化"所代表的友好和尊重为设计主题的描述,试图在厚重敦实且不失创新的设计风格中让行政交通工具体现出开拓进取的品质格调。

在想象构思和联想强化阶段,设计师在各自设计理念的语义描述基础上,联想并回忆能够反映该语义理念的视觉图像,例如在中气项目中设计师联想和使用过的中国元素主要包括石狮、中国脸谱、印章、竹、熊猫、鹿等动植物以及传统的日常用品。

意象转化阶段是设计师在语义和意象看板的基础上,综合表现设计概念的主题意象,其主题意象生成阶段是设计概念形成和表现的重要阶段。在意象理念的语义方面,鹿与"禄"谐音,象征福气、俸禄,符合中国行政车的价值定位;此外,鹿还象征着一种吉祥和安宁。

新中庸意象主要是对中道、理性和含蓄等语义的抽象和概括。如前保险杠以及翼子板的造型来自"鹿角"形状的提取,整体线条饱满、富于动感,与白鹿的矫健、灵动和温顺等语义相呼应(图 5-24)。整车造型含而不露、饱满大气并富于效率感,同样符合最初的造型语义定位。

图 5-24 鹿的形象

主题意象任务阶段是汽车造型概念设计中最具创造性的关键环节之一,在对抽象的语义描述进行意象加工并初步形成概念的造型语言,以及对于深入细化设计概念和完善汽车造型细节具有重要的作用。

二、从几何形态到汽车形态

(一)立体

立体是点、线、面的三度空间形式,以三度空间的实体材料和三维的实际空间为基础来创造形态,也是构建并展示产品形态的基本媒介。

把握立体形态,需从形态的长度、宽度、深度三个向度入手,即同时辨别出形态的正侧、前后、深浅、大小、厚薄及高低等方向位置的整体形象,以形成与平面图形设计不同的思维方法和表现方法。

如果说点、线、面主要用于平面形态设计,那么,块材、线材、板材则是立体形态设计中的点、线、面。与点、线、面的关系一样,块材、线材、板材三者也同样处于连续的和循环的关系中。若把块材向一定方向连续,就发展成了线材;把线材平行排列,就发展成了板材;把板材堆积起来,又返回到块材性质(图 5-25)。

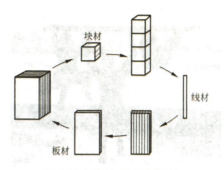

图 5-25 块材、线材和板材

块材有完全实心的,有中央空心表面却看不见其空心性质的,还有像塑料泡沫似的可渗进空气的,其形状也各种各样,有球体、立方体、锥体等,因此要总括其性质比较难。人们从块材得到的印象是:与外界明确地区分,是一个封闭性的体块,给人一种安定、充实的重量感,以及可耐外界压力的结实感(图 5-26)。

图 5-26 封闭性的体块

块材的实体性和封闭性使视觉看不到材料之间的间隙,而线材,由于材料之间出现了很多间隙,所以不论是垂直的线材,或是弯曲的线材,都给人一种轻量的和空间性的感觉。又由于线材的线状性质,它表现出非常强的方向性,同时又给人一种运动感觉。再由于线材受力的关系,它给人一种紧张的感觉,如同琴弦的两端被紧紧地引拉表现出的紧张感(图 5-27)。

图 5-27　两端引拉

(二)立体种类

立体有许多种,方体、圆球、圆柱、梯形体及其组合体等,还可以按立体的维度来分类。

1.半立体

半立体也称作浮雕,它实际是平面与立体之间的一种造型形式,即把平面设计中的透视、错视与雕刻中的体积、空间等结合运用。从现象上看,半立体只是一种具有凹凸起伏的平面造型,但它在这个平面上具备三维空间感,具备明暗层次的变化,是压缩在平面的立体空间造型。然而半立体不能像全立体那样可360°观赏,只能在 60°~180°内有效观赏(图 5-28)。

图 5-28　半立体

2. 全立体

全立体不仅在面上构成凹凸效果,而且它是实实在在的三维空间形体。全立体的一个显著特点就是可以通过视觉和触觉从360°进行观赏。

全立体形态从不同角度观看会得到多种不同的形状,但不论有多少种不同的形状,它给人的整体感觉应该是一个。在设计全立体形态时必须重视一个原则,即不仅要处理好一个或两个视点所看到的形状,而且要处理好各个视点所看到的形状,处理好由多种形状构成的整体形象,处理好局部形状与整体形象的关系。

3. 动的立体

动的立体与不动的立体一样属于三维空间造型,只是动的立体所占据的空间较大,因为动的立体要随某种动力作用而变化空间和形体,并且形体在动的过程中往往会变换色彩和光影。因此,也可以给动的立体加上时间因素成为四维的空间形态。

三、从自然形态到汽车形态

(一)仿生设计的概念

仿生设计是人们通过对大自然不断地学习和积累,通过模拟或改进大自然及生物系统的结构、功能、形态、色彩等信息,并将这些信息运用到设计中去的方法。仿生设计一直伴随着汽车设计的发展。

(二)汽车仿生造型设计应用实例

1. 外形

自然界的飞禽走兽在其生命的长期进化过程中形成了与运

动方式相适应的矫健身躯,它们的自然进化比人类的设计更加科学合理。如果我们在设计中适当地模仿一些动物的形态将会使汽车获得较为形象的动感。这就是将仿生造型应用到车辆造型设计中。自然界是仿生形态的来源,也是造型设计灵感的来源之一,通过研究并模拟自然界中生物的形态、功能、结构等,将它们的某些特征应用到相关的汽车造型设计中,能够获得生动的视觉效果。

双龙汽车的08个性款爱腾,如"鲨鱼嘴"的前脸格栅和锐利的鹰眼大灯都在彰显这款车的粗犷和原始野性(图5-29)。

图5-29 双龙汽车"鲨鱼嘴"前脸

"道奇"蝰蛇是一款运动型的车,十分有名,作为美国最凶险的"蝰蛇",具备大自然一切凶险的特征(图5-30)。汽车的前脸酷似"蝰蛇"的面部,给人冷酷、敏锐、蓄势待发,凶狠的感觉,如同随时准备捕猎的战士,要展开殊死较量(图5-31)。

图5-30 蝰蛇

图 5-31　运动车型"道奇蝰蛇"

盒子鱼（Boxfish）是热带的一种鱼类，色彩艳丽，给奔驰的科研人员带来灵感（图 5-32）。仿照鱼的结构，奔驰 Boxfish 达到了高强度和轻量化的完美结合，拥有了优良的空气动力学设计和源于自然的轻盈感。

图 5-32　奔驰 Boxfish

跳跃前扑的"美洲豹"雕塑，具有时代感与视觉冲击力，它既代表了公司的名称，又表现出向前奔驰的力量与速度，象征该车如美洲豹一样驰骋于世界各地，捷豹汽车是有"生命"的（图 5-33）。

图 5-33　捷豹汽车

新甲壳虫的前脸给人的感觉就像车辆在眨着眼睛看你。新甲壳虫保留着老甲壳虫的外形和味道,从头到尾圆滑、古典又现代。而甲壳虫的车头给人的印象最深,两只圆形的大灯就像车子的两个大眼睛一样,配合着弧形的发动机盖,远看上去给人的感觉就像车子在微笑一样,并且所用颜色鲜艳,得到了许多女士的青睐(图5-34)。

图 5-34　新甲壳虫仿生设计

大嘴版荣威750是一个"绅士"和"野兽"的综合体。如果侧看车身,典雅又富有尊贵感的车身线条和镀铬装饰凸显的就是一位有着英伦气质的绅士,不过荣威750正脸的那张怪兽大嘴,就如同面对一只想要扑上来的雄狮猎豹一般,极具攻击性,让人印象深刻(图5-35)。

图 5-35　大嘴版荣威 750

2.标志

汽车仿生学设计,不仅应用在汽车的外形上,也出现在汽车的品牌标志上,其中最经典的就是福特标志的"大白兔"造型(图

5-36）。福特汽车的标志——FORD,仿佛一只可爱的兔子在大自然中奔跑,灵活自由。

图 5-36　福特标志的"大白兔"造型

四、从其他产品形态到汽车形态

（一）汽车造型设计与品牌文化

从某种程度上来说,汽车就是一种人造动物,它不仅由马车进化而来,而且和动物一样,也有身体工作系统,各个组成部分也有自己的生命和意志。许多汽车品牌在长期的设计实践中形成了独有的车身造型共性特征,如宝马的"双肾"格栅（图 5-37）,对汽车稍有了解的人都可以从这个共性特征中识别出其品牌文化。

图 5-37　宝马"双肾"格栅

有一些汽车品牌的共性特征是通过标志元素的运用形成的,如雪铁龙的"双人字"（图 5-38）等。这些汽车品牌在造型上独有的共性特征除了被有效地识别,同时还传达了企业的核心品牌文化。

图 5-38　雪铁龙"双人字"标志

（二）借鉴其他意象的汽车造型设计

其他的产品形态,诸如人物造型、表情,可以被人们有效识别的标志,都在汽车形态中借鉴和模仿,比例不低于前面提到的自然形态。

例如,奥迪 A6 性感圆臀源于女性臀部(图 5-39)。奥迪 A6 的性感圆臀设计的确堪称汽车设计史上的神来之笔,设计师将一款高贵的汽车,设计得如此性感,令人难以想象。

图 5-39　奥迪 A6 性感圆臀

本田雅阁的前脸给人的感觉就是凶悍,大灯的设计使其眼神中带着杀气,真不愧此称号(图 5-40)。

旧款捷达的前脸则给人踏实、忠诚的感觉(图 5-41)。

图 5-40　本田雅阁前脸

图 5-41　旧款捷达前脸

第二节　汽车室内结构与造型设计

一、汽车内部结构与造型概述

新的科技、新的生活形态、新的价值观念在现代汽车设计过程中，已经成为其内部空间创意设计的重要源泉。车身的内部造型设计主要目标表现为方便、可靠地操纵与控制车辆，而且让乘员安全、舒适地度过自己的乘车时间，并且还要有一个比较合理的载货空间设施。柔性化、集成化、智能化以及网络化的现代科技创新，不但是制造技术，更重要的是要做到车内车外保持系统信息的畅通、预防险情发生的设计理念。如安装可以探测驾乘人员的身体状况"不舒适"的警示器，或是可以检测到驾驶员酒精含量是否超标的操纵器，并且在驾乘过程中发出警示甚至直接迫使其不能使用汽车的装置等，进而真正做到预防胜于治疗的强制性措施。

(一)汽车内部造型的安全性

汽车内部造型的设计需要充分满足各种性能的基本要求。

所谓安全性，需要做到对驾驶员驾驶视野性的满足，包括直接视野和间接视野。直接视野主要有前下视野、前上视野、后视野、平面视野、刮水视野以及除霜视野等多种形式；间接视野主要是指内、外后视镜的视野，都具有其相关的设计标准以及检验的标准。大多数都采用了 SAE 眼椭圆，也有的采用了 GB11562 标准，试验验证视野的时候可以使用 GB11562。与此同时，还需要考虑行驶安全性的有关法规。

另外，交通环境同样也属于一个相互关联的整体，为了进一步减少交通安全事故的发生，车身操控系统的设计需要充分考虑在一个交通循环系统中驾乘人员间怎样可以及时互通路况、天气等基本客观信息。

(二)驾驶方便性和乘坐舒适性

包括各种操纵杆件易于分解；开关、按钮方便接触，并且有标识明确表明，以防止成员误操作，挡位感应该明显；仪表显示布局合理、明晰、简略，材质不能反光，而且还应该校核来自前部、侧部以及后部的光线照射到仪表板之后的反射光线能否全都在眼椭圆以外；遮阳板和后视镜等一些附件的安装位置应该方便进行调整，而且还应该很好地进行安装牢固；更应充分考虑不同的人群需要发生改变时，有可自主调配的空间设施，如办公用设施、厨具设施、娱乐设施等。应充分保证驾乘人员的舒适性，还应具备工装技术，也就是车身的密封性、隔热性、防振性以及防噪声性都应该结合起来综合进行考虑。例如驾驶室的底板和发动机、冷却装置间需要保证足够的散热通风间隙、有比较合理的隔热层厚度、中间位置的乘坐区地板形状应该尽可能保持平整等。各部件的造型、色彩、材料选配方面也都应满足乘坐舒适性的重要考量条件，当然还应该提供给车身造型设计师充分的艺术灵感的发挥，可以有相对发挥自由的空间。

车身内部空间的合理分布，正如室内设计对空间的各功能分区要在符合人机工程学的条件下进行布局，不过，车身布局还要考虑前后左右质量的分布合理，车体是运动中的空间物体，必须满足平衡性。而且，车身内部空间对视野要求更为严格，因为这毕竟涉及安全问题。例如车头高度应尽量低，特别是前端低，可以增加驾驶区视野；前后风窗的倾角也会影响驾乘视野。

在做车身内部空间分布设计时应画草图供各部门探讨，再做必要的俯视分布图、侧视图进一步确定尺寸关系。车身内部空间主要有驾驶区、乘坐区、载货区，但随着生活方式的改变，车内进行的活动也在变化。例如，生活、工作的快节奏，使得人们需要充分利用"赶路"的时间来完成一些事务，如就餐、查询资料、办公等，甚至是放松一下的娱乐设施也是车身内部装置的重要部分。

移动房车的简化版可能就是未来汽车发展演变的又一重要趋势。驾驶区、乘客区以及载货区等的功能区域划分依据，都需要参考各车型总的布置要求。而诸如车内棚壁的装饰、地板、车用饰品同样也都应很好地参考整车设计风格以及车型的级别进行搭配。

二、汽车内部结构与造型分区解析

(一)驾驶区

对驾驶区域进行设计大体上能够概述成三大步。

第一步：基于座椅的基准点（Seating Reference Point，SRP）

的位置,调用头廓包络线以及眼椭圆,结合内部的空间控制尺寸,确定好汽车顶盖的位置和完成对车身内部的宽度确定;再按照眼椭圆来确定视野,进而能够定出前后风窗的倾角(这一步主要是在整车总布置时进行确定,是车身内外造型都需要涉及的一个十分重要的内容)。

第二步:根据人机关系以及 SAE 推荐的硬点来控制尺寸,从而进行转向盘、操纵杆、加速、制动、离合踏板等多个操纵机构做出相应的布置;运用驾驶员手伸及的界面等多个设计布置方法来设计仪表盘的断面形状、仪表盘的平面角度以及其操纵件的布置。

第三步:确定下来不同百分位的人体模型适宜 H 点的位置,确定好座椅基准点的基本位置、座椅靠背角以及座椅调节行程。

在实际进行设计时,上述的三个步骤都是需要反复做出核实并互相印证的。驾驶区的设计内容主要包括下列几个方面。

1.操纵件的布置

操纵件包括方向盘、踏板、操纵手柄等。在 SAE J1100 中,为了确保方向盘有足够的操纵空间及安全性,认为方向盘的布置与以下因素有关:

H74——方向盘和座垫表面之间的最小距离;

H13——方向盘最下方的边缘和人体模型大腿之间的中心线最短距离;

L11——方向盘中心点到加速踏板 AHP 点的水平距离;

L22——方向盘的最下边缘到座椅靠背的最小距离;

L7——方向盘最后边缘到人体模型靠背线(躯干中心线)之间的最小距离;

W9——方向盘的最大直径;

H18——方向盘的倾角。

考虑到方向盘最下边缘以及大腿的关系和安全气囊,H13 的推荐范围通常都是 50 ～ 70mm;L7 的推荐范围主要在 320 ～

450mm；L11 则是 400～600mm；W9 是在 380mm 左右。

方向盘的最初形式通常都是一个十分简单的圆圈加上盘辐，盘辐也是十分简单的四辐式。其功能主要是控制汽车行驶的方向。而现在的方向盘变化非常大，功能与个性融为一体（图 5-42）。变速器操纵机构应保证驾驶员能准确可靠地使变速器挂入所需要的任一挡位工作，并可在需要时使之退到空挡。大多数汽车的变速器布置在驾驶员座位附近，变速杆由驾驶室底板伸出，驾驶员可直接操纵（图 5-43）。

图 5-42　功能与个性融为一体的方向盘

图 5-43　变速杆

2.仪表板的布置和装饰

汽车仪表板是汽车内部最为关键的组成之一,是轿车内部饰件中最为重要的部分,同样也是人们最关注的焦点之一(图5-44)。

图5-44　仪表板

在行车时,仪表板一方面具有给驾驶员提供一种比较方便、快捷、安全地操控和各类信息的功能;另一方面,仪表板在造型设计方面也应该能够体现出轿车的风格。同时,能够将其当作衡量各不同的生产厂家工艺发展水平的重要标准之一。由于现代人们对汽车的性能有着越来越高的要求,不同功能的仪表也逐渐增多起来,这就造成了仪表板变得越来越复杂,面对多种多样的要求,工业设计师们需要从心理学的角度去研究如何去简化仪表板的按钮开关、简化人的用脑过程,使一个技术含量比较高的产品可以变得易懂、易用,不至于给人带来严重的心理负担,以至于搞得手忙脚乱,发生不必要的危险。仪表台需要满足承载各种各样仪表的安装任务,它与操纵件同属于一个有机整体,是车辆的"大脑"部位,所以,对仪表的操控台设计就显得特别重要。汽车仪表板的性能要求及其设计方法见表5-1。

表 5-1　汽车仪表板的性能要求及其设计方法

性能要求	设计方法
低成本	通过绿色设计、优化制造过程
高性能	降低仪表板的重量；保持足够的强度、刚度，能承受仪表、管路和杂物等的负荷；采用新材料和先进制作工艺，保证车辆受到撞击后，能最大限度地吸收撞击力，并传递给车架，以降低对驾驶员的伤害；材料具有良好的耐久性、耐冷热性、耐腐蚀性、耐光照性，保证仪表板在100℃～120℃时能不发生变形
人性化	材料不产生有害气体，可有效减低噪声和振动；各仪表操控件易于操作；反光度低，不影响视野
装饰效果	材料的质感、色彩给人以宁静舒适的感觉；造型与整车内饰风格须统一

仪表板在安全性方面可以分为两种，即主动安全性与被动安全性，主动安全性主要是从视野性与操纵性两个方面进行考虑的。

从视野的角度设计仪表板，主要包括下列几方面的因素：仪表盘的布置，仪表板遮光罩的布置，除霜除雾口的布置。从操纵性以及舒适性的角度来布置仪表板，主要包括的内容有仪表板上的操纵按钮的布置、空调通风口的布置以及杂物箱的布置。

仪表板的被动安全性设计通常会从下列三个方面着手。

首先，是仪表板的软化问题，仪表板的软化可吸收撞车时产生的能量，以减轻驾驶员的损伤。

其次，保证驾驶员进出方便，轿车中仪表板最下端与底板间的距离应在 300～380mm 内。根据这一经验数值即可确定出仪表板的下限范围。

最后，杂物箱的布置应在仪表板下端，杂物箱的锁应安全可靠，以防撞车时杂物箱盖开启撞到驾驶员的胸部或腹部。

仪表板的装饰和整车的设计风格保持协调。有些车型的仪表板非常典雅大方，有的则彰显出华贵之气，有的则采用的是真皮装饰，有的则使用了桃木加以装饰，还有一些则是使用不同的材质、色彩进行调和、区分仪表板不同的功能区,不仅达到了很好的装饰效果,同时还达到了功能提示的作用。

装饰仪表板时需要注意下列两点:

第一,装饰风格需要和车辆的整体内外装饰风格保持一致,和车型的档次定位相互匹配,避免低档车出现豪华装饰以及高档车搭配低水平装饰。

第二,注意不同的材料在装饰方法上也是不同的,下面以真皮与桃木两种材料装饰为例子进行简要地介绍。

首先,缝制仪表板真皮(图5-45)。

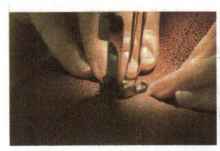

图5-45 缝制仪表板真皮

第一步,选择合适的真皮材料。第二步,根据仪表板尺寸裁剪并缝制。第三步,进行检查,检查的方法就是把裁剪好的皮料进行试贴,看其是否能够很好地贴合仪表板。第四步,粘贴仪表板皮料。黏贴时,要注意选择合适的胶黏剂,常选用汽车841胶黏剂进行粘贴。可先在仪表板的填充层表面均匀地涂一层841胶黏剂,等到用手触摸黏胶表面不黏手时,便可将仪表板的表皮对准,从中部开始向两边逐一展开,一手拉着皮料,另一手轻压表皮与填充层表面接触,贴服无差异时,再用手压皮料与填充层表面,压实填平,并把边缘转折到内侧粘贴牢固。要达到表皮黏贴位置正确,无气泡、无皱纹、表面光滑、平整无划痕的要求时,才算黏贴成功完毕。

其次,安装仪表板。当粘贴之后的仪表板皮料完全固定之后,将仪表板固定在车身上,之后再装上各种各样的仪表与其他的附件、装饰件等,最后完成安装。安装完成之后还需要进行类似于汽车美容清洗护理的工作。

　　桃木装饰的优美花纹具有十分特殊的装饰效果,其主要特点表现为美观、高雅、豪华,主要是用在汽车的内室控制台、方向盘以及变速杆等多个部位的装饰上。现在的顶级豪华轿车除仪表板、中控台外,中央扶手、门内板、后扶手、调控板、后冰箱、杂物箱等,更是采用了大面积雅致的桃木配饰,使整个内饰透出华丽富贵之气,加之桃木色的沉稳,也使车内彰显庄重之感(图 5-46)。

图 5-46　桃木变速杆

3. 座椅布置

　　确定下来不同的百分位人体模型适宜 H 点位置,确定座椅参考点(SRP)的位置、座椅靠背角与座椅调节行程。

　　因为驾驶员在开车过程中需要集中精力,所以易出现疲劳,为了利于驾驶员驾车,对座椅的舒适性、方位(高低、前后、左右)的可调性通常都有非常高的要求。因此,驾驶员的座椅组成的机构十分复杂,性能可靠,调整使用十分灵活(图 5-47)。

图 5-47　座椅调节及调节按钮

(二)乘员区

在这个区域中,设计师们也应该多观察、体会乘坐者的不同感受,找出全新的"关怀点",如在下雨天时,雨伞或者手中不方便放置在座椅上的东西应该怎样安置呢?又如,乘员和驾驶者之间的空间距离、方位应该多大才是最合理的呢?发生了紧急状况,什么样的装置最有利于逃生呢?乘员区的造型设计一般都包括座椅以及其布置;驾驶员与乘员在出入方便性的检查上存在什么差异?乘坐区域的顶盖高度应该控制在多少尺寸?

确定好乘员座椅的 SRP 点以及座椅的布置方式,基本上都与驾驶座椅是一样的。车内直接和人的接触最多、最为重要的就是汽车的座椅了。汽车的座椅不但是提供车内乘员的一个可供乘坐的重要位置,它同时也能影响到车辆的平顺性以及驾驶员的舒适性,影响车辆的安全性与整体美观性。所以,对汽车的座椅做出装饰不仅需要充分考虑到其美观,还应该注重其实用性。

1.座椅的结构

汽车座椅的设计和材料一定要符合国家规定的相关标准。汽车座椅的结构是和车型以及其用途紧密相连的。

当前,轿车的座椅典型结构都是复合型结构设计,由骨架、填充层以及表皮三大部分组成。座椅的骨架通常都是采用金属材料制作而成的。轿车的座椅表皮层一般情况下也是座椅质量与装饰的亮点所在,尤其是轿车的座椅,是设计师们主要考虑的部位。

轿车座椅的面料通常可以分为纺织布料、人造革材料以及优质的真皮材料等,客车、公交车通常使用一些注塑成型的塑料材质。座椅外形需要和填充层的形状相贴服。在制作工艺方面也要求裁剪得更加精确,缝制更为精细,贴服平整合体,以便彰显出座椅精美的外形(图 5-48)。

图 5-48 小汽车座椅

对于普通的客车与高级豪华客车的乘坐要求不一,座椅的结构同样也会存在一定的差异。一般客车的座椅结构十分简单,主要是为了满足乘员最起码的乘坐需要,在造型与舒适性等方面的考虑相对较少。当前,市场上主要制作的都是塑料座椅,是用SMC塑料制成的座椅,固定于座椅的支撑架上,构成一种单人椅或者多人椅。豪华客车的座椅由于需要综合考虑其在长途旅行的乘坐需要,更加重视座椅的舒适性(图 5-49)。

图 5-49 豪华客车座椅

2.座椅分类

以轿车为例,根据座椅不同的使用功能进行分类,可以将其分成驾驶员座椅、乘客座椅、儿童座椅三种基本的类型。

通常而言,轿车的副驾驶座位同样是可以调节的,而后排的座位往往没有调节的功能。现在市场上的很多轿车后排座椅都是能放平的,以便进一步增加后备箱的容积。

随着现代社会中以人为本价值观念的逐步增强,人们的安全理念也随着发展到新的高度,儿童座椅越来越受到人们的广泛关注。在很多国家,车用儿童座椅属于是法规强制性要求配备的。

　　儿童座椅的结构与安装方法,也都是经过研究与试验之后确定下来的,3岁之下的儿童头部的周长占到人身长的60%左右,所以受冲击时头部的受力是比较大的。8岁之下的儿童脊椎还没有发育成熟,不能承受与成人相似的安全带的强作用力。综上所述,保护儿童在车内不受伤害,关键是要保护儿童头部位置(图5-50)。

图5-50　儿童安全座椅

3.座椅的装饰

　　座椅的装饰重点是集中于造型以及面料的选用方面。造型设计的原则应该参考整车的设计风格。面料重点是使用棉纺织物、化纤以及混纺等多种纺织物与皮革等。色彩同样也需要参照车内的顶篷、地板等其他构件,达到一种比较和谐的视觉效果。当前,以化纤混纺织物与皮革的使用最为广泛,以真皮装饰最为豪华。在座椅装饰过程中,还可通过功能的扩展、加装精品等多种方式进一步去提高座椅的装饰性以及其使用性。

　　纺织物虽然档次感不高,但温馨、可随时更换。用真皮座椅可提高汽车内部的装饰档次,而且真皮不像绒布、纺织品装饰座椅那样易脏,顶多是尘落在其表面,不会堆积在座椅深处。

　　为了使乘员在乘坐过程中感到更加舒适,人们想尽各种办法,制造出多种多样的汽车座椅饰件(图5-51)。

图 5-51　汽车座椅饰件

现在很多厂商也相继推出了带记忆功能的电动调节座椅。在豪华轿车上，还出现了能加热以及连接空调的高级座椅，并且还带有一定的按摩功能。在一些商务车上，中排座椅设计安装了转椅，能调整面的朝向，这样也方便商务人士在车上商谈事务或者在漫长的乘车过程中聊天等。也有一些比较高级的轿车或者商务车前排的座椅背面带有液晶屏，能为后排的乘客提供多媒体娱乐的服务。

4. 乘坐区域顶盖高度的控制尺寸

乘坐区域的顶盖高度尺寸确定一般都需要根据 SRP 点位置调用头廓包络线以及眼椭圆，结合内部的空间进行控制，进而就能确定顶盖的位置及其完成对车身内部宽度的最终确定。

（三）载货区

这个区的设计采用的是可变空间设计理念。

载货区和乘客区之间的隔断组合关系通常就是区分、保护的重要功用，不仅能够保护人的安全，同时也能够保护货的安全。载货区设计成可变空间，能充分满足不同的运输状况条件下不同的使用需要。如使用可拆式的隔断使其连通乘客区，在人少货多的情况下或者人多货少的前提下都能够灵活地安排空间；空间变大的乘客区往往也都能成为临时的办公、娱乐区域等。针对货车来说,载货区的固定货物附件设施通常都包括固定环、固定钩、绳索、篷布栏、篷布等,也包括货物托盘固定栓、集装箱固定栓。

(四)汽车篷壁与地板装饰

汽车顶衬也可以称为车顶篷或者顶子等,顶衬的种类、式样以及颜色、面料和结构因不同的车型而异。汽车顶篷的结构基本上可分为成形型、吊装型和粘贴型三种。

通常而言,成形型顶衬被称作硬顶,而吊装型与粘贴型顶衬被称作软顶。

1.汽车顶棚的结构类型

(1)成形型顶篷的内衬

成形型顶篷的内衬在汽车制造过程中,为了保证装配的质量,采用成形型结构的顶篷居多。随着中国汽车工业的快速发展,成形型顶衬在轿车领域已经取得了十分广泛的应用。成形型顶衬的结构主要是由基材、泡沫层以及饰面重叠加工而成的,如图 5-52 所示。基材使用的材料大多都是浸树脂的再生棉或者玻璃纤维、聚氯乙烯泡沫板。泡沫层通常选用的是聚氨酯或者聚烯烃树脂发泡体。饰面主要为 PVC 片材。聚氨酯材料可以实现泡沫层和饰面的二合为一。当前,纺织品材料也越来越多地作为表皮材料。

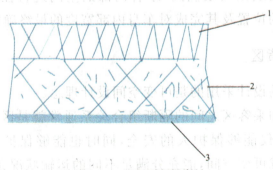

图 5-52 成形型顶棚内衬

1—基材;2—填充材料;3—表皮材料

（2）吊装型顶篷内衬

该内衬主要是用铁丝网吊起来的一种结构。表皮材料是PVC片材或者PVC人造革或者纺织品材料。为了隔热与隔声，将绝缘材料放于顶板与衬层之间，其结构如图5-53所示。

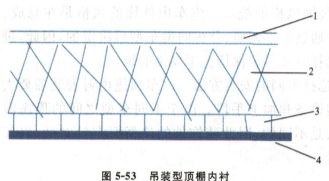

图5-53　吊装型顶棚内衬

1—汽车顶盖板；2—隔热隔声层；3—铁丝网；4—内衬表材

（3）粘贴型顶篷内衬

该型内衬主要是将填充材料与表层材料压成型以后，直接黏贴于顶篷上，填充材料通常是聚氨酯发泡体、PVC发泡体，表层材料主要是PVC片材或纺织物。

成形型顶衬应用十分广泛，尤其是在轿车等小型车上。成形型顶衬主要起到装饰的作用，在平常使用过程中，并不能承受除了自重之外的载荷。但是由于成形型顶衬在跨度上相对比较大，仍然需要顶衬具有非常好的刚度。又由于其面积相对比较大，包裹住车身，因此其隔热以及隔音效果对于整车都会产生很大影响。泡沫塑料、蜂窝结构基材也都具有重量轻、比强度高、热导率低等多个优点，势必会成为未来发展的主要方向。而以聚丙烯为主要代表的热塑性材料，由于其价格比较低、性能优以及环保的优势，在未来势必会得到更广泛的应用。而软顶内衬的优点是质量小、成本低，通常会用于大中型客车以及旅行车上，但生产的批量比较小，手工安装量则相对较大。

2.汽车顶篷内衬的装饰原则

汽车顶篷内衬通常都是车厢内部面积最大的组成部分，对于整车形象都产生了非常大的影响。选用高品质材料的顶篷内衬，一般都可以有效地提升车辆内饰的装饰档次，同时也会极大地提高视觉舒适度。在对汽车的顶篷内衬进行装饰时，需要遵循下列两点原则。

(1)装饰风格的统一。汽车内外饰的风格是在总成、造型设计阶段时通过很多调研、分析同类车型后决定的，因此，进行顶篷内饰件选择时要尽量保持整车风格的统一。

(2)选择不同的安装方法。汽车顶篷内衬安装需要大型且复杂的成型设备和加工手段。由于不同车型之间的顶篷内饰件的安装方法是不同的，因此装饰件的选择要有针对性，以保证装饰施工质量。

3.地板的装饰

(1)地板功能。汽车的地板位于底盘上部，是车厢最基础的组成部分，支撑着车内的基础设施与人员，要求具备很高的安全性，可以比较稳固地起到支撑的功能。同时，它也是车厢和地面间的隔离层，要求保温、隔热、防湿、防潮、防尘，防止外部噪声进到车内。

(2)地毯与脚垫的装饰。现在所有的生产厂与零配件市场的地毯都是成型的地毯，其形状和汽车的地板形状完全匹配。

一般车用地毯下面都有一定厚度的衬垫，生产厂与零配件市场的成型地毯背面也都自带有衬垫。

中、高档的轿车上通常都会铺上地毯。选择一种可以防水、易擦洗的脚垫相对而言也是更省事、经济的。但是当前很多的高档轿车车主往往都会选用毛皮料来增加档次感与舒适感。

第三节　汽车造型色彩设计

一、色彩的基本概述

眼睛对客观形体进行观察，形体上的光进入眼睛并在视网膜感光细胞上成像，从而甄别出形体的存在。因此需要了解"光"的本质和眼睛对光的"感受"。

（一）光的本质

光产生于发光体原子中最外层电子从高能级向低能级的跃迁。当原子受到外界刺激（例如被加热），某一电子可能从原来稳定的轨道更远地离开原子核，反抗核的吸引力而做功。

可以认为，原子的每一个外围电子都有其自振频率，当入射光包含有这个电子固有频率的光波时，电子产生共振，其振幅加大，并将这一波长的能量几乎全部吸收，称为吸收谱线，这时，射出的光就为这一波长的光。构成物质的众多原子每时每刻都在吸收和放出电磁能量。光是在一定波长范围内的电磁辐射，并以波的形式传播。

（二）可见光

我们日常所见的物体大部分都不是发光体，只是在一定程度上吸收和反射来自发光体的光波。振幅、波长和相位构成了光波的主要物理描述，光波的波长反映了光波的频率，给人眼以色彩的感觉；光波的相位反映了光波等相位面的形状，给人以立体的感觉。

眼睛在对客观形体进行观察时，是通过形体上的光（可以是物体本身发的光，也可以是物体反射的光）进入到人的眼睛，光线通过角膜、房水从瞳孔进入，再经过晶状体的折射，通过玻璃体到达视网膜，刺激视网膜上的感光细胞产生兴奋，这种兴奋经视神经传导到大脑的视觉中枢产生视觉，人就看到了物体。

(三)色彩

色彩是人眼辨别不同波长光波的能力产生的映像。感受光的不同颜色的是视网膜上的感光细胞。感光细胞有两种：视杆细胞和视锥细胞。视杆细胞对光的敏感度较高，但仅能区别明暗，形成精确性较差的粗略物像轮廓；视锥细胞对光敏感较差，但可以辨别颜色，对物体表面的细节和轮廓边界看得很清楚，分辨能力高。所以感受颜色的主要是视锥细胞。

不同波长的光有不同的颜色，而受光体根据对光的吸收和反射能力呈现千差万别的颜色。由色彩的这个光学本质引发出色彩学这部分内容的一系列问题：色光三原色(即红、绿、蓝)、颜色的分类、属性、混合、混合的三定律(即补色律、中间色律、代替律)等。

在汽车设计时，常常是调和与适度的对比并用。例如帕加尼ZONDA(图5-54)，以蓝色与黑色为主，显得深沉，色调阴暗，然而轮胎运用亮黄色，就会使人印象变为深刻、明快。

图 5-54　帕加尼 ZONDA

二、汽车造型色彩设计分析

汽车造型的色彩设计,是汽车发展到今天的关键要素之一。随着消费者审美能力和文化品位的不断提高,对汽车色彩的关注也越来越高,在汽车外部造型逐渐类同化的今天,色彩已经渐渐成为区别于轿车造型的关键要素之一,颜色成为彰显汽车个性化和时尚的首要元素,是消费者在汽车购买时的第一印象。

(一)白色

白色给人以活泼、明快、大方的感觉。白色是百搭色,易与外界环境色彩协调,并且白色车身干净、简洁、给人以清洁质朴的感觉。白色是膨胀色,容易使车显得比实际更大,另外白色相对中性,对性别要求不高。白色在明度和色相方面相差较小,因此白色通常采用饱和度和纹理等元素来表达(图 5-55)。

图 5-55　白色汽车

(二)银色

银色是最能反映汽车本质的颜色,银色使人联想到高科技产品,给人的整体感很强,最具运动感。另外银色的明度较窄,所以银色的变化是通过调整冷暖程度、纹理效果来实现的(图 5-56),珠光银就成了众望所归的新颜色,备受大众喜欢的银色着重体现其阳光下的闪烁感。

图 5-56　银色汽车

（三）黑色

黑色给人以庄重、尊重、严肃的感觉，拥有强烈的豪华感、稳重感，是奢华的象征。黑色既有纯黑色，也有透明度较深的金属风格（图 5-57）。黑色一直是我国公务用车的首选色彩，因为黑色车给人以严肃、庄重、有威慑力的感觉，但考虑安全因素，小型车最好不要选用黑色。

图 5-57　黑色汽车

（四）红色

红色给人以跳跃、兴奋、充满激情的感觉。红色分别为纯红和金属红，大多纯红是很纯的中等明度的颜色，但金属红则可能融入橙色、紫色、灰色和棕色，并赋予不同的明度，或者融入不同发光的中等黑或黑色。红色具有运动感,常运用于跑车和运动车型中(图 5-58)。红色有利于交通安全,是膨胀色,可以使小型车比实际显得更大。

图 5-58　红色汽车

(五)蓝色

蓝色是一种的主流颜色,并富有非常广泛的明度、饱和度和色调(图 5-59)。蓝色给人的感觉很舒服,个性不张扬,很有吸引力的蓝色包括浅绿色蓝、纯银沙蓝,以及激动人心的铁蓝色、组合的灰蓝和深红蓝等。

图 5-59　蓝色汽车

(六)绿色

所有车身的绿色都是金属漆的或带云母的。和蓝色一样,绿色可以形成具有很广色相的色系。但是从以往来看绿色在市场上并没有蓝色那样流行。目前,绿色车在逐渐增多,以小型车为主,凸显车主个性(图 5-60)。

图 5-60　绿色汽车

(七)黄色

黄色给人以欢快、温暖、活泼的感觉。大多数黄色为中等明度,而色相较广,包含纯黄色、橙绿色和金色。

黄色是和运动密切相关的颜色,我们意识到黄色逐渐从金属色演变为以纯黄色为主的趋势(图 5-61)。黄色同样是膨胀色,在环境视野中很容易凸显,所以在很多城市中,出租车的车身会涂上黄色。

图 5-61　黄色汽车

(八)棕色

棕色典雅、安定、沉静、平和,给人以情绪稳定的感觉,棕色使用起来非常困难,不管是纯棕色还是金属棕色都是如此。棕色表达某种柔软细腻、豪华和休闲的感觉。目前棕色多用于 SUV 车型中,给人以安全感(图 5-62)。

图 5-62　棕色汽车

(九)金色

金色被认为是接近大地的颜色,在时尚领域是高贵、奢华、权利的象征,从金色能衍生出非常丰富的金色系,如米色、黄红色、香槟色到豪华版的棕色、棕褐色以及运动版的橙色和浅金色(图 5-63)。

图 5-63　金色汽车

(十)橙色

橙色是由最初的红色演变而来的,内敛、成熟、气质斐然、运动感十足(图 5-64)。大多数的橙色具有中等的明度,通常与黄色、红色、棕色和灰色进行搭配。橙色也是具有极强运动感的特征颜色，适合用于小型车或者具有运动感的 SUV 或跑车上。

图 5-64　橙色汽车

　　汽车的色彩与安全性有一定的关联，当观察不同色彩的距离相同时，比较鲜亮的颜色看起来要比他们实际所在的位置近一些，而相对较暗的颜色看上去与他们的实际所在的位置相符。

三、汽车色彩中的情感个性

（一）不同色彩的汽车彰显不同的性格

　　汽车颜色不仅仅是汽车的外衣和车型特征的标志，还能反映出车主的性格、情感和身份。汽车颜色心理学的定律是：选择较不起眼车身颜色的人，多半是循规蹈矩、工作欲望强烈的人；相反选择亮丽颜色的人，真正野心勃勃的并不多，他们更多是满足于享受生活乐趣的人。

　　选择不同色彩的车主有不同的性格，也有共同的开车习性，因此，汽车的色彩可以反映出汽车主人的性格。

（二）汽车色彩中的共同情感

1.进退性

　　进退性就是指前进色和后退色，红色和黄色是前进色，蓝色和绿色是后退色。一般来讲,前进色的视认性较好。

2.胀缩性

不同的颜色,会产生体积大小不同的感觉。如黄色感觉大一些,称膨胀色;而同样体积的蓝色、绿色感觉小一些,称收缩色。膨胀色的视认性较好。

3.明暗性

颜色在人们视觉中的亮度是不同的,可分为明色和暗色。红、黄为明色,暗色的车型看起来觉得小一些、远一些和模糊一些。明色的视认性较好。

4.感知性

汽车内饰的颜色也影响着行车安全,不同颜色对驾驶员的情绪有一定影响。例如淡的亮色使人觉得柔软,暗的纯色则有强硬感等。所以恰当地使用色彩装饰可以减轻疲劳,减少交通事故的发生。

(三)汽车色彩设计趋于个性化

时尚化、个性化是汽车色彩的发展趋势。国外的色彩权威机构通过发布流行色报告来引导色彩的时尚潮流。

日本丰田公司在消费者购车时,可以从12种车身色彩和11种内饰色彩中组合成131种色彩,让消费者自己尝试着搭配色彩,直到选择到满意的色彩。

汽车色彩对中国的消费者有更强的针对性,为消费者提供更多的色彩选择。中国幅员辽阔,地域性差别很大,汽车消费群体庞大,他们的身份、地位、年龄、文化、品位等千差万别,形成了众多消费层次。

上海汽车公司就针对有知识、有修养、事业有成、积极向上、追求品位的消费者,量体裁衣,打造了一款自主品牌"荣威"汽车,该车从车型、性能到车身色彩都展现了一种全新的文化内涵和价值取向，引起了消费者的热切关注。缺乏个性的汽车色彩是不会受到消费者青睐的。

针对不同的人群，了解他们的色彩心理，从而设计出他们所喜爱的汽车颜色，才能让每个人的汽车都拥有属于自己的个性色彩。汽车色彩设计当前要突出重点消费层次，主要是有稳定收入的普通消费者，而这个消费群体数量庞大。

通过对色彩心理的研究，设计师对汽车色彩的设计应具备一定的了解。不同的年龄、不同的地位、不同的地域、不同的时代，色彩心理存在很大的差异。掌握汽车色彩对消费者产生的心理效应，才可以为消费者设计出一辆温馨、舒适、安全、独具个性色彩的车。

四、汽车色彩设计的工作方法

(一)汽车的色彩设计

精美的形体配以恰到好处的颜色，能将内外饰设计体现得更加饱满，更富有质感、层次感和时代特征。随着时代的发展、工业的进步，汽车的色彩设计呈现多元化。

色彩设计大体可分为外饰色彩、内饰色彩等几个方面，各个方面的设计都是相互影响和衬托的。

在汽车色彩设计时，最重要的是色彩的主调。也就是说，需要突出某一种色彩，使之占绝对优势，而其他各部分的色彩围绕着这个主调进行变化，以达到"多样统一"的装饰效果。

1.汽车外饰

设计汽车的色彩多种多样，在考虑汽车外饰的主色调时，应注意下列问题：

（1）汽车的用途和级别。轿车大多数是单色的，但级别不同，其色彩应有差别。高级轿车应采用较稳重的色彩（明度较低），提倡统一并不意味着千篇一律的单调，而是赞成适度的对比。

客车由于体面转折比较简单，大平面较多，因此更注意比例划分。采用双色最好，喷涂双色也符合大客车小批量生产的特点。两种色彩在色相上不应该采取过强的对比，在明度、纯度和面积等方面可以差别较大，以便分清主次。

货车和越野汽车（图 5-65）因为用途较广，不宜采用太浅的色彩，在装饰上也力求简洁朴素。

军用汽车（图 5-66）常常采用保护色（迷彩）。

特种车（工程车、维修车等）应采用鲜明的对比色彩。

图 5-65 越野汽车

图 5-66 军用汽车

（2）气候及地理条件。气候及地理条件对汽车的外部色彩十分重要，北方的汽车宜采用暖色，南方的汽车宜采用冷色。在炎热地区，汽车不宜采用饱和的黄色和橙色。经常有雾的地区，汽车应采用明度大的色彩（例如黄色）。

（3）城市与道路的美化。不同民族或不同地区的人民，其生活习惯是有差别的，人们总是用自己喜爱的色彩去美化生活环境——街道、建筑物、服装以及装饰等，从而具有独特的民族风格。城市中的汽车非常多，如果都采用鲜艳的色彩，就会使驾驶员眼花缭乱，对驾驶操作和行车安全不利。

（4）外饰漆种类。汽车外饰漆主要分为车身漆和塑料漆，前者主要应用在金属材质上，后者主要用在塑料材质上。塑料漆按油漆性能的不同可分两种：一种用在外饰塑料件上，如前后保险杠、外后视镜等，颜色一般与车身漆同色，但油漆性能稍有不同；另一种用在内饰塑料件上，其颜色应与内饰色彩相匹配，且触感更加柔软，从而能够在视觉上降低塑料质感。车身漆显示颜色的油漆涂层叫作色漆，色漆按其特性可分为单色漆、珍珠漆、金属漆、亚光漆等。

2. 汽车内饰色彩设计

室内各部分的色彩设计毫无疑问要服从汽车整体的主色调。由于室内是驾驶员工作的场所和乘客休息的地方，内饰中出现的颜色不宜多于三种，颜色过多会使内饰空间显得过于凌乱和狭小，色彩不宜太鲜艳，通常纯度都比较低，否则会影响开车人的注意力集中。

按照区域划分，汽车内饰，颜色可分为五大块：顶篷颜色、仪表板颜色、装饰护板颜色、座椅颜色、地毯颜色（图5-67）。

仪表板的色彩是室内色彩设计最重要的方面。仪表板覆饰材料应采用深暗（色彩明度较低）无光泽的凹凸纹样，以吸收强烈的光线和避免造成漫反射，消除刺目的反光。还应注意避免仪表板染上纷乱的色彩。

图 5-67 汽车内饰

黑色内饰是最常见也是最通用的一种色系,适用于几乎所有车型。如同黑色的礼服一样,黑色内饰的实用性强,永远不会过时(图 5-68)。黑色内饰既可以体现车的运动感,也可以传达出车的稳重感,在内饰颜色中是百搭的系列,也是每个车型必不可少的颜色,有时还会搭配一些鲜艳的色彩。除单一黑色外,富有颜色变化的黑色也是消费者很喜欢的颜色,比如偏蓝色的黑、偏红色的黑等,这些变化丰富了单一的色彩,增加了视觉上的享受。

图 5-68 黑色汽车内饰

温馨的米色内饰(图 5-69)风格给人以舒适的感觉,亚洲人对此色系尤为偏爱。米色系是简单、含蓄、自然的色调,能给人提供一个开阔的空间和视野感。在色彩家族中,米色近似于灰色,两者的共同之处在于含蓄内敛的气息,不同之处是灰色偏冷,而米色则偏暖。

图 5-69　米色内饰

雅致的灰色内饰(图 5-70)风格让人有更多的思维空间,并能带来高雅、内敛的情绪感受,它比黑色更有潜在的力量。另外,灰色还能给人以冷静从容、理性和品质感。

图 5-70　灰色内饰

棕色是一种可靠、值得信赖的颜色。棕色有很多种渐变和色调,它们中的很大一部分来自大自然,这种内饰颜色会帮助提升内饰的视觉舒适度(图 5-71)。

图 5-71　棕色内饰

(二)车身色彩的安全性

或许,轮胎也可以是彩色的。不过,在人们追求新、变、奇的同时,也不能忘了汽车是具有很大制造意外可能的产品,车身色彩必须具备清晰的可视性。车身色彩不能太过纷繁复杂,这会容易和周围物体色混淆,从而使人不能清楚判断行进中的汽车速度和方向,危险因而产生。例如,山区车辆的颜色就应减少大面积使用绿色调;寒冷地区的车辆可多选择暖色调等。据测试,仅从安全角度考虑,黄色、红色、白色是安全度最高的汽车用色(图5-72)。

车身色彩对人产生不可忽视的心理效应。或许太过奇特的吸引力会降低小朋友们对运动中汽车危险性的判断而造成悲剧。高纯度、大面积的色彩也容易让人产生疲劳感。嘈杂的都市生活已经让人眼花缭乱,汽车作为城市里的流动风景是带有不安全性特征的,它的色彩应该既是符合人们心意的、又是具备一定警醒功能的。

图 5-72　校车用色

五、中国汽车色彩的现状及发展趋势

　　现在中国城市宽敞的街道上,一扫昔日黑色的单调和沉闷,流淌着一条艳丽的七彩河,五颜六色、多姿多彩的汽车妆点了城市的美丽。由于中外合资汽车制造企业的努力和大量进口汽车的涌入,使汽车的色彩日新月异、丰富纷繁、光彩夺目。汽车色彩已经成为消费者购车时考虑的重要因素,特别是追求时尚和个性的女性购车者,对汽车的颜色更是百般挑剔。

　　据有关专业人士调查,现在超过 40％的消费者在购车时,如果中意的车型没有自己喜爱的颜色,会等待或是另选其他的车型,绝不会放弃自己喜爱的色彩。

　　目前,中国汽车色彩的研究和开发基本处于空白的境地,大大落后于国际汽车产业的同行。汽车企业多年来走一条模仿国际汽车色彩的路子,没有形成具有民族特色和中国文化内涵,体现企业文化个性的品牌色彩。国际上一些大汽车公司的品牌都有丰富的文化内涵,具有自己的独特风格,因此大大提高了品牌的含金量。

　　中国奇瑞汽车就对汽车色彩做了积极的探索和大胆的尝试。奇瑞QQ就是依靠它靓丽的色彩取得了成功,其多色系列开拓了市场空间,为消费者提供了更多颜色的选择,满足了消费者对车身色彩的需求。虽然奇瑞的努力我们能够感受到,但是对于推动整个中国的汽车行业色彩的发展是远远不够的。

汽车色彩要以人为本,体现人性化、个性化,整体色彩力求和谐、平稳、大气、高雅、完美,要在表现中国传统文化底蕴和民族风格上下功夫。中国国画对黑白、青绿颜色就情有独钟,在运用上技艺高超,令世人瞩目。采用红、绿、蓝、紫等色彩描绘出的壁画色彩热烈、对比鲜明、金碧辉煌,让全世界都叹为观止。由于厚重的历史沉淀,中国消费者对颜色有自己的审美方式。要走自主打造民族汽车品牌的路子,就应该深刻理解传统文化的精神,吸收中华优秀艺术的营养,创新汽车色彩设计,开发出具有中国特色的汽车色彩品牌。

由上所述,可见色彩心理对于汽车色彩设计的重要性。只有了解了不同色彩带给人的不同感受,才可以设计出独特个性的汽车色彩。

第四节　汽车图案的视觉传达

一、车身图案的视觉效果

车身图案实际上就是一种视觉传达的语言要素,其重要性如同鸟类鲜艳的羽毛,人们时尚的衣服。车身图案一般会体现出动感,并与车身形态要素协调,它们有抽象的也有具象的,有传统的也有现代的,有摄影效果的也有漫画形式的,总之以表达出特定的意图和展示出特有的视觉效果为目的。外观图案色彩一般较艳丽,内饰图案色彩一般较淡雅。

无图案的单色,给人以简洁、纯净、大气高档的感觉;跑车正中两条纵向的并行宽线,增加速度与活力、强化节奏与韵律的形式美感,展现出现代与时尚(图 5-73);出租车上下按比例分块的图案有利于强化汽车的平稳和速度感,配以标准颜色,共同展示出出租车特有的外观形象(图 5-74);现行警车通过专用徽记(以盾牌、"警察"、长城、橄榄枝、五角星等图案组成)、变化的线条和文字信息构成具有动感和现代感的外观图案,展示出威严、庄重、美观、大方、亲切的效果(图 5-75)。

图 5-73　简单线条图案

图 5-74　出租车图案

图 5-75　警车图案

　　客车外观图案,主要在车身两侧,多以抽象的线与面分割侧面,图案整体呈前低后高之势,线条流畅,动感十足,配以亮丽的色彩,呈现出漂亮的外观(图5-76)。客车内饰图案有的饰以繁杂的花纹,以体现高档和豪华,有的饰以简洁的条纹折射出内饰的高雅与现代(图5-77)。

图 5-76　客车外观图案

图 5-77　客车内部图案

　　载货车的外观图案大多比较简单,有的是无图案的单色,有的是依车身结构分成上下两色的抽象图案,少数呈三色或更多色的复杂图案。主流图案多呈现抽象、简洁、大方、亮丽的风格。

　　军车外观的迷彩图案,亲近自然,便于伪装。

二、玻璃等透明材料视觉造型

　　玻璃等透明材料不但对于我们的一般日常生活非常重要,在汽车发明以后,玻璃对于汽车更是非同一般的重要。这不仅仅是因为挡风玻璃、车窗玻璃的功能性需求,还因为玻璃在汽车的造型设计上的地位。由于玻璃的主要特性是透明,所以它的这个特性怎样才能更好地融入到汽车这个多曲面组合的六面体中,并与外观色彩相匹配,使人们的设计构思变得更为赏心悦目,这是每一个设计师都需要着重考虑的环节。

城市公交无论是空调车还是普通客车,一般采用的是车外能观察车内情形的玻璃,便于人们根据人多少做出选择是否乘坐。这种玻璃对整车色彩影响不大,它大多是无色透明的。

现代轿车、长途豪华巴士车窗玻璃往往是深色、且车内可看清车外、车外看不到车内的高档覆膜玻璃。这类玻璃的采用增添了车身色彩的神秘感,同时,车窗的深色也使得整车色彩有了重色,因而显得庄重、沉稳,这是色彩搭配黑白灰关系里的"黑"——重色,其重要性可见一斑。

车窗在造型比例的关系里也是不可忽略的因素,它的"重色"占整车体量的份额是车身色彩关系的重要组成部分。造型讲究比例的合适,色彩也一样,重色比例过大,会显得沉闷;相反,又显轻飘,没有分量。确定色彩比重的过程是一个有趣的推敲过程。

三、立体色彩搭配

立体色彩搭配主要针对个性化、特种车而言。现在流行左右脚鞋的不对称色彩设计,充分表达了年轻人打破均衡对称、追求动感变化的求异心理。车身色彩成了新型追车族表达自己心愿的"大画板",它可以是车顶一个色、侧围一个色甚至左右围都不同色、前脸后尾又是别的色彩或图案,这里是彰显个性的领域。很多大型客车、货车也想打破车身因庞大而造成的空洞感,因而制造出立体画面效果。

第六章 概念车的设计与产品规划

概念车主要是指梦想中的汽车,被认为是人们热切期盼的一种可以为未来提供预见性的汽车类型,也许就是明天可以顺利地行驶于公路上的汽车类型。概念车发展的历史实际上就是一部汽车的造型创造史,充满了光荣和梦想。本章重点论述的就是概念车的设计与产品规划,主要包括四个方面的内容,即概念车的概念与设计方法、概念车的历史与发展、概念车在产品规划中的地位和作用、概念车欣赏。

第一节 概念车的概念与设计方法

一、概念车的基本概念

概念车由英文 Conception Car 意译而来。概念车不是即将投产的车型,它仅仅是向人们展示设计人员新颖、独特、超前的构思而已。展出的概念车还处在创意、试验阶段,也可能永远不会投产。

世界各大汽车公司都不惜巨资研制概念车,并使其在国际汽车展上亮相,一方面了解消费者对概念车的反映,从而继续改进;另一方面也是为了向公众显示本公司的技术进步,从而提高自身形象。概念车是汽车中内容最丰富、最深刻、最前卫、最能代表世界汽车科技发展和设计水平的汽车。概念汽车的展示,是世界各大汽车公司借以展示其科技实力和设计观念的最重要的方式。因而概念车也是艺术性最强、最具吸引力的汽车。

通常概念车分为两种,一种是能跑的真正汽车,另一种是设计的概念模型。第一种比较接近于批量生产,其先进技术已步入试验并逐步走向实用化,因而一般在5年内可成为公司投产的新产品。第二种汽车虽是更为超前的设计,但因环境、科研水平、成本等原因,只是未来发展的研究设想。

(一)概念车设计的目的与价值

1.概念车设计的目的

概念车设计的目的在于提高企业和商品的形象、声誉,增强产品的竞争力,推进高科技在生活和生产的应用,创造舒适美好的环境,促进节能环保和综合利用,促进各学科的协作和技术的革新。

2.概念车设计的价值

概念车具有很重要的价值,主要表现在:可以充分展示设计师的创造能力;可以告诉公众,他们未来购买的汽车将会怎样;可以考察公众的品位,看客户的反映;可以作为某些重大革新的教具;可以用于激励公司内部职员。

(二)概念设计的内容与分类

1.概念设计的内容

概念设计工作一般都是造型工作诞生的雏形,包括草图与效果图的绘制,也同样可以分为视、胶带图的制作,比例模型和全比例模型制作。在展出过程中,有一些概念车和试制样车一样,都是采用金属制造完成的;一些则是使用玻璃钢制作完成的,分为scc—throough与Prototype。前者仅仅是一个模型车,而后者则具备内饰以及相对比较简单的动力系统,有大约 30km/h 的速度。现在的概念车大多数情况下是以视觉为主导,现实概念车的内容往往都是涵盖了汽车性能的各个方面。作为样车试制出来的一种概念车,不仅能够以检验市场对造型的认可程度,还能够检验出各总成的匹配是否得到市场的认可,新技术的应用是否可以获得预期的反馈等。

通过市场概念和未来生活概念的输入,设计师开始草图设计。有的时候一个概念的产生往往从视觉形象衍生到市场和生活中。灵感的来源是不自知的,对概念的勾画和制作也有一个从浅到深、从视觉性向功能性的演变过程。概念的产生好比理论物理的研究过程,理论物理中先假定结论成立,然后用试验和数学的方法来验证。概念是产生一个视觉形象,并结合现实世界中的科学与技术,证明这个概念是可以实现的。结论就是样车的试制成功,结论的应用就是将其投放到量产中去。

在汽车设计的历史上,能产生绝妙想法的设计者不在少数,但能将这些想法完好地实现在现实世界中,就需要相当的技术和专业能力。这包括手绘、对油泥模型的控制、对平衡感和审美的直觉、对公众喜好的把握等。主导设计的设计师就像全能型导演,他脑子里所拥有的绝不仅仅是"车长什么样子"这么简单的概念。概念车是设计师所要营造的未来小世界。在我们所看到的概念设计图中,会有人、场景、开门的方式、奇怪的功能等,这些并不是一步到位的,要在对概念整体诠释之后,才会最终确定方案。与其说是一个概念,不如说是一个概念系统。

在比例模型开始前,效果图并不是十分必要的,草图更能反映设计的本真状态。手与大脑的潜在联系,能够捕捉设计师潜意识所流露出的精彩想法,甚至是自己已经忽略的。草图中的线拥有生命,那些还没有确定的线条会在设计师的脑海中呈现形态,闭上眼睛时,这些形态会更加清晰。来看看大众 concept R 最初草图的状态,如图 6-1 所示。

图 6-1　大众 concept R 最初草图的状态

确定形体的工作下一步是油泥模型。油泥是自由的，比数字模型更加自由。比例模型呈现的是设计师脑海中视觉印象的基本状态，而全比例模型则塑造了真实的未来制作的状态，这是两种完全不同的感觉和视角。油泥模型制作与概念的结合，是诞生天才设计的土壤，知识和技术则是土壤中的养料，让想法自由地翱翔。

工程技术的概念释放，能够催生出极好的创意，这些创意也能够带领工程技术走向先进。无论是造型工作还是工程设计，都是一个动手的工作。如果有一个宽松的空间，将概念设计与工程设计，特别是车身设计工作结合起来，那么概念的创作将为二者的发展带来飞跃式的提高。

2. 概念设计的分类

现在被称作概念车的车型种类繁多，有一些看起来稍微保守，和大街上的车没什么区别；有些像外星来物；有些充满梦幻的氛围；还有些小比例的概念车。这些概念车都有什么区别，又有什么用途呢？它们之间的区别十分模糊，但是却不能一概而论，大体上能够分成下列四大类。

（1）换代型概念设计

这类概念设计有明确的目标，它的出现可能是某一系列车型的全新设计，也可能用于某个品牌的不同级别。它会保留品牌的经典特征，或者在经典特征方面寻求视觉突破。欧洲的许多经典车牌，都有优美的细节处理，这既是在设计与塑造上的惯性作风，也是在换代改型设计中长年积累下来的经验。

　　大众公司的产品给人以沉稳、平和的印象，旗下的各个品牌，对整体平衡性和表面的细节处理成熟而经典。它们在产生概念和对概念的应用上都堪称换代型概念设计的典型案例，例如从2003 年的 concept R（图 6-2）到设计后用的 passat 2006 与 polo GTI 2006（图 6-3 与图 6-4）。

图 6-2　大众 concept R

图 6-3　passat 2006

图 6-4　大众 polo GTI 2006

（2）创新型概念设计

创新型概念设计是在现有资源的基础上，通过对未来市场的评估而开发出的全新车型。这种车型拥有先进的技术，但离现有车型并不是十分遥远，它能够给公众一种未来消费的欲望和期待，产生类似于汽车时尚的幻想。这类概念一旦成功，就会为公司开创一类全新的产品，以填补空白市场。一些创新性的设计会取得极大的成功，以至于影响到该品牌的系列产品。所以创新型设计对于保持品牌的年轻活力、不断向产品注入新鲜血液有着重要的作用。比如雷诺 Be Bop Sport Concept（图 6-5）与凯迪拉克 Sixteen Concept（图 6-6），在今天的量产车型上不乏它们的影子。

图 6-5　雷诺 Be Bop Sport Concept

图 6-6　凯迪拉克 Sixteen Concept

实力强大的公司，每隔几年都会向市场推出一系列这样的概念车型。市场节奏的加快，使得企业每年都要推出创新产品。金融危机的到来，使这一速度放缓，不过为了新一轮的征战，那些慢慢复苏的品牌会重新回到舞台上来。

（3）开创型概念设计

当我们从未想到过某种事物会出现而它却出现的时候，它会被当作异类。当这个异类被广泛地接受，并在人群的惊呼中成为被崇尚的对象，它便成为开创时代的英雄。我们热爱这样的设计，并追随着它的革命开启崭新的生活。不是狂热，而是对美好和希望的强烈渴求！因为这些设计的存在，人类社会变得如此多姿多彩，它在形成风尚的同时也创造历史。

如果有人开始抱怨现在的汽车看起来都一样，真无聊时，离开始创新设计的时间就不远了。开创型概念设计新颖但却不会让人感觉怪异和难受，它们会遵循最基本的美学平衡，或是行业忽视的源于自然的、朴素的黄金分割。一个开创时代的与视觉相关的事物，最起码是美丽的。

每个公司都希望在获得商业利益的同时，得到这样的增值文化产品。一个公司是否能得到这样的开创性设计需要取决于它是否有开拓新事物的勇气与任用开拓型人才的决心，一切具有划时代意义的设计，无不依赖于开创时代的领导者。

如果 BMW 7 系备受争议，那么 2013 年的宝马 Z4 则以平衡、美感和雕塑性，经典地展现了 Chris Bangle 所引导的 21 世纪的造型风潮（图 6-7）。无论从整体比例、表面处理、细节设计都启发了开拓时代的造型风格、技术与方法。从某种意义上说，设计师是一个革命群体，他们让丑陋无处藏身。

图 6-7　宝马 Z4

（4）学术型概念设计

以上提到的概念设计都来源于历史悠久的品牌，当然，它们中的一些设计都来自著名的设计师。对于独立的设计师来说，它们在展会上所展出的就是能彰显设计实力的学术类作品。这些设计不会被生产，也不会被应用到产品中，它们往往对美学分割、全新的造型风格、曲面的处理方式进行研究。一些主机厂也会做一些类似的设计，以树立公司的形象或探索新的交通方式与设计原则。

高校学生所做的设计也属于这一范畴，只是设计的完整性与职业设计相比还有相当的差距。它为设计实践提供了一种很好的方式，成为设计师与设计室进步的重要手段。

学术型设计会提供一些超前的概念，国际设计竞赛就汇集了许多优秀的作品。从中我们不难发觉，时代、人文、艺术在这些年轻的灵魂中所展现的才华！它们就像传播希望的种子，在热爱设计和渴望美好的人们心中生长，并最终在设计生活中收获，如福特雷鸟 fab 设计（图 6-8）。

图 6-8　福特雷鸟 fab

二、概念车的设计方法

随着现代科技的发展以及汽车行业的快速崛起，汽车已经成为一个国家的重要支柱产业。在激烈竞争的大环境下,各大汽车制造厂商为了进一步引领时代发展潮流,争相推出自己的时尚概念车设计方案,概念车的设计可谓呈现出百花齐放、群芳争艳的发展态势。

(一)概念车设计的思维方法

1.多思维展示法

多思维展示法,属于设计师应用创造性的设计思维,多角度展示自己的设计方案的一种方法。因为采用的是二维空间向三维空间转换的展示设计方案,也就是人机互换的过程。所以,我们将其称为多思维展示法。

2.思维形成探究法

思维形成探究法,主要是由使用者提出一款相对具体的设计目标,由设计师们去有针对性地做市场调查、收集设计所需的资料,并且还要进行综合分析之后,绘制出多种概念车的草图;经过严谨的论证比较之后,逐渐形成目标设计方案,并且需要选用数值化的方式来绘制出概念车的效果图,从而就能根据效果图创造出一个真实的概念车。

3.仿生思维创新法

仿生思维创新法,主要是指设计师充分利用仿生物设计思维原理,做出对概念车的设计。它通常是通过收集大自然的景物,包括动植物所具备的某些形体、色彩、结构、质感、智能等,从而进一步分别建立其仿生设计的智能图库。

(二)概念车设计过程的方法

1.平面方案设计

这个阶段的主要工作都是由设计师来独立完成的,主要的工作内容就是根据概念车设计任务书已经确定好的设计目标,在概念车总布置设计所确定的尺寸以及结构条件下,对汽车的造型进行创意设计。

　　设计初期阶段主要是按照造型创意多样化的设计需要,通常是由多位设计师同时做出设计创意,以设计的草图为主要设计表达与交流方式。设计部主管在这个时候也会基于自己的经验,选出少数的几个设计方案让设计师做下一步的设计(图6-9)。

图6-9　概念车设计草图

　　被选中方案的设计师接下来就会着手去完善设计方案,这一阶段主要是以设计的效果图为设计表达的基本方式。设计的效果图一般都会包括外形与内饰两个组成部分,通常都是由不同设计师分别做出的设计。内饰的设计风格通常也都会要求和外形的设计风格保持一致,以便能够确保整车的风格保持统一(图6-10)。当然有一些概念车是不进行内饰设计的,只是在外形上做出设计,这种类型的概念车就没有内饰的设计效果图展示出来了。

　　平面方案设计阶段所要达到的最终目的就是要能够确定下来一套符合设计需要的最佳设计方案。这个阶段通常都是整个设计开发过程中最为重要的一个阶段,只有确定了一套十分优秀的设计方案,才可以开发出一辆比较完美的概念汽车。

图 6-10　汽车内饰设计

2. 油泥模型造型

概念车的油泥模型通常直接制作的是全比例为 1∶1 的模型，而且仅仅是做一套方案，也就是需要做一个外模型与一个内模型。油泥模型的制作主要包括的是油泥模型粗刮与油泥模型精刮两个关键阶段。

首先使用的是泡沫板推扎于金属与木制的底层结构方面，制作出一个完整的油泥模型内部框架，之后则是在架子上糊上大约 500kg 的油泥，把架子全部包起来（图 6-11），接着就能够开始油泥模型粗刮了。

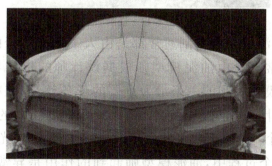

图 6-11　油泥模型造型

油泥模型的粗刮主要是将汽车中大的形面充分表现出来,但是,所要求的表面光顺程度往往都是不高的。油泥的粗刮主要可以分为两种形式:一种主要是运用传统的手工方法实施粗刮(图6-12);另一种主要是依据设计的效果图,运用三维造型软件在计算机内建出造型设计数字模型,再将数字模型内的某些控制线、控制面都取出来,从而再转化为铣削机床可以辨认出来的数据格式,使用大型的五轴铣削机床可以直接铣出粗刮的油泥模型(图6-13)。

图 6-12　手工粗刮

图 6-13　铣削

当前,油泥模型的精刮通常都是由人工手工展开的。这个过程的工作通常都是由油泥模型师根据设计师的指导与监督来完成的。油泥模型精刮的一个最为重要的任务就是,在粗刮的基础上雕刻出设计细节,并且还要反复观察和斟酌线条的走势,不断修整完善整个汽车的造型,并且还应该进行表面的光顺处理(图6-14)。在整个过程中,油泥模型师起到的作用是异常重要的,一个好的模型师通常可以非常准确、快速地表达出设计师所要设计的造型,而且通常都可以帮助设计师在模型阶段做出更好的三维创新。油泥的精刮大约要花费 1 个多月的时间,而且设计主管或者公司的主管往往也在这个期间对油泥模型做出评审。油泥模型在制作完毕之后需要做出最后的评审,如果发现问题就应该立即做出针对性的修改,直到最终确定下来油泥模型的设计方案。

图 6-14　油泥模型的光顺处理

从想象到设计效果图的完成,再从设计的效果图发展到油泥模型的雕刻,到此为止,造型设计的阶段已经基本上结束了,准备把油泥模型逐渐转化为工程数据,逐渐对油泥模型的外表面展开数据的测量。这也是十分关键的一个步骤,把花费了大量人工制作完成的实体油泥模型都转化成三维计算机的基本处理数据,测量出来的数据与信息也必定会提供给车身工程师与结构工程师作为依据,这些数据经过设计师们的逆向设计之后,就可以用作计算机的铣削样件和备份数据(图 6-15)。

图 6-15　测量油泥模型数据

3.概念样车装配

车身工程师基于油泥模型的测量获得的基本数据,充分利用工程结构软件对车身的各零部件做出设计,并且还应该把设计的数据提交到样件的生产工厂中去。样件生产工厂依据这些数据采用数控制作的方式以泡沫塑料作为设计的原材料来制作出车身的零部件。这些泡沫板有一部分是被用于制造铸模的,有的则可以直接制成成品,准备做最后的安装。

概念车的设计通常都会依据其设计程度的不同,使设计的过程出现一定的不同。比如说,有一些概念车仅仅是做出外表面的设计,通常都很有可能在三维计算机进行造型之后,数控加工塑料或是石膏外模型,之后则进行修整喷漆完成设计过程。还有一些概念车的设计主要是没有安装发动机与底盘系统的,只不过是停留于模型的阶段,通常都是跑不动的汽车,这样的概念车设计往往都存在着缺少样车装配这个关键的过程。如图 6-16 所示就是奥迪·路德捷安特(Roadjet)概念车于 2006 年在北美车展上进行的首次发布。

图 6-16　奥迪·路德捷安特(Roadjet)概念车

第二节　概念车的历史与发展

概念车属于梦想中的汽车。被认为是人们所热切期盼的、可以为人们未来提供预见性的汽车。概念车的历史实际上就是一部汽车造型的创造史，充满了光荣和梦想。

一、概念车与造型工作的形成

人类历史上的第一辆概念车诞生于 1938 年，出自第一个建立汽车造型部门与建立汽车造型基本流程的哈里·厄尔（Harley Earl）之手。它的名字叫"Y－job"，被称为第一辆有专门名字的梦幻车，如图 6-17 和图 6-18 所示。

图 6-17　第一款概念车"Y－job"

图 6-18　概念车"Y－job"

　　1926年7月8日,通用汽车公司总裁阿尔弗雷德·斯隆在给别克总经理巴摩特先生的信中谈道,汽车在机械上是如何的相似,而且还变得同样可靠,将来只有在外观上才可以区分汽车。于是,这位改变了汽车时代的先驱者,以他对未来高度敏锐的洞察力,使得像哈里·厄尔这样的人开始设计汽车的外观。

　　哈里·厄尔的父亲专门给好莱坞的明星们制造了特制的高级轿车,年轻的厄尔在离开斯坦福之后,就帮父亲打理生意。当时与现在是一样的,电影梦想的主要产品重点集中在好莱坞中,正是从这一梦工场中,年轻的厄尔将自己的设计梦想带到了底特律这个主要的汽车世界中心。设计就好像是设计师本人的翻版,厄尔也具有好莱坞式的形象,富有魅力,十分坦率。他有着洞悉公众喜好以及鼓励设计小组完成汽车设计梦想的独特诀窍。

　　厄尔不但创造出了独特的概念车、造型工作以及造型部门,也同样创造出了一个设计师的框架,甚至把自己作为设计师的"模具",复制到了几十年之后的今天。他设计的全过程、创造事物的过程就好像中了魔法一样,就如同上帝在捏造泥娃娃,厄尔通过指导泥模的塑造达到了他渴望的型体,这同样也是现在检验设计师水平高低最有力的标准之一。设计通常都是轮子上三维型体的再创造,是一个空间想象的工作,哪里有概念车,"魔法"就会在哪里出现。

　　1938年,"Y—job"出色地运用了厄尔的造型技巧,由于这辆车已经超出了试验的范畴,它具有非常好的空气动力学外观,远远超过了让车体外缘变得更加完美的试验范畴。它同时也还带有之前从未见到过的前卫技术,电动折篷、电动窗、隐藏的前灯以及其他的一些在几十年后成为普通轿车组成部分的特殊构造。

二、意大利的设计影响

　　文艺复兴时期产生了大量来自意大利的画家、雕刻家以及其他的艺术家。文艺复兴时期的20世纪50年代的交通设计,也同样不缺乏意大利的设计。都灵,这是意大利汽车设计梦想的发源地,成为世界汽车的设计中心。

1899 年,Aristide Faccioli 设计出了世界上第一辆菲亚特(Fiat)轿车。从那时开始,汽车就逐渐成为意大利人生活的一部分,都灵也逐渐发展成了意大利汽车的生产中心。有各种的汽车生产厂、商店,还设立了当时非常先进的工程设计流程。其中,有一些修理厂能生产真正的汽车;一些则发展成了专门用于设计汽车的设计室;另外一些则拥有十分先进的工程、产品、技术以及领导世界潮流的设计。在这里,一辆辆概念车从绘制经过各种详细的开发与制作之后,成为能放到展台上展示或者能进行批量生产的成品。

都灵是一个持续生产的城市,有一种对设计与技术纯粹的渴求,有着非常卓越的创造力,还有就是像平尼法利纳(Pininfarina)与博通(Guiseppe Bertone)这样的人,他们不仅进一步引领了汽车造型的一个时代,还培育出了另一个时代的先驱者。

平尼法利纳是一位高产的设计师,1953 年,他为蓝西亚(Lancia)设计出了两款概念车:Cisitalia 202(图 6-19)与 Aurelia54 Pininfarina PF200(图 6-20)。他所设计出的"Cisitalia 202"被人们视作汽车发展史上最为重要的、最富有艺术的以及最令人愉悦的车。这种风格逐渐被后来很多的汽车选用。

图 6-19　Cisitalia 202

图 6-20　Aurelia 54 Pininfarina PF200

　　和平尼法利纳齐名的博通培养出了引导 20 世纪 60 年代末期到 80 年代造型趋势的世界顶尖设计师。例如,意大利设计公司的开创者乔盖托·乔治亚罗(图 6-21)、马赛罗·甘迪尼设计出了第一辆意大利梦幻车"BAT"(图 6-22)。

图 6-21　乔盖托·乔治亚罗

图 6-22　甘迪尼设计的第一辆意大利梦幻车"BAT"

　　"BAT"是"Berlinetta Aero-dinamica Tecnica"的缩写,它的名字带有神秘的飞行动物——蝙蝠的意思。该车是阿尔法·罗密欧的系列概念跑车。有人认为它是 1956 年博通所设计的阿尔法·罗密欧的先导。

三、全新时代的来临

"当概念车消失了,激情也就消失了。"因为受到新的安全、环境法规调整的重大影响,20 世纪 70 年代,美国的造型业基本上都处于停滞不前的状态,被美国设计师们称为"丧失时机的 10 年"。只有福特在 1973 年收购了意大利的吉亚设计公司,使他们没有停止汽车造型的设计工作。

20 世纪 80～90 年代,是汽车产业发生翻天覆地变化的阶段,是汽车由传统走向现代的重要转折,在这一转折中,概念造型的复苏以自身独特的魅力,挽救了一些濒临绝境的企业。

20 世纪 70 年代到 80 年代初,克莱斯勒(Chrysler)公司的经营状况十分糟糕,依靠美国联邦政府的救济才不至于倒闭,他们制作的汽车没有新意且毫无吸引力。1985 年,汤姆·盖尔成为克莱斯勒设计部副总裁,他在 20 世纪 80 年代后期着手设计并生产了一些使人十分吃惊的概念车,这些概念车不但让克莱斯勒恢复了原有的状态,还进一步促使其他的汽车生产商加紧设计和生产概念车,以便能够维持自己在竞争中的地位。也是从那个时候开始,世界主要汽车展成为各大汽车生产商必须要参加的事情,它可以和好莱坞电影公演或者全球性的国际电影盛会相媲美。

以下这段李·艾柯卡和汤姆·盖尔的对话最能说明概念车是作为企业的需求而存在的。当时,李·艾柯卡接管了即将破产的克莱斯勒,并最终挽救了它,成为汽车业的神话。

艾柯卡:"这真是你们想要做的车吗?"(这是对产品创新的鼓励)

盖尔:"为什么我们不做一些能展现我们能力的概念车呢?我们决定重新生产概念车,唯一的原因是生产渠道的任何改变都需要很长时间,而公司能快速树立威信的唯一方法是生产概念车。"

于是，克莱斯勒生产了它的第一辆概念车"Ponofino"，1987年在法兰克福车展上展出。

艾柯卡："既然你能在概念车上做得这么棒，为什么你不对即将生产的车也这么做呢？"

盖尔："你知道，这是我们设计这些概念车的真正原因，这是我们在等着你问的问题。"

从此，盖尔与他的设计团队开始接连推出多种概念车型。这些概念车不但进一步推动了未来新车的生产，同时还让概念车得到了革命性的发展，甚至获得了新生。

这个年代的汽车业充满了奇迹。当时两位著名设计领导者J·梅斯和弗里曼·托马斯共同设计完成了"Concept I"，拯救了当时已经准备从美国市场撤出来的大众公司，并将当时的大众上席费迪南德·皮耶希（Ferdinand Piech）成功地从"Inaki Lopez"事件的丑闻中解救出来。它就是我们最为熟悉的"New Beede"的原型车（图6-23）。Concept I 在1994年的底特律车展上首次公开亮相，对巡回车展造成了直接且非常巨大的冲击。11月，大众决定将新甲壳虫投入生产。

图6-23 "New Beede"的原型车

弗里曼·托马斯后来又设计了奥迪"TT"和"TTS Spyder"概念车，促成了奥迪TT敞篷轿车和跑车的投产（图6-24），但是他后来去了克莱斯勒。

图 6-24　奥迪 TT 敞篷轿车

四、现代概念车

当已经看惯了捷达、雅阁、宝来的中国消费者，仍在崇尚奔驰时，汽车造型的另一时代已经悄然到来。充满争议的宝马新 7 系，用立体雕塑的方式向我们呈现了全新的汽车表面处理方式。带来这一革命性设计的就是 Chris Bangle，这个在汽车造型界充满争议的设计领袖。不仅把他的新奇观念应用到了设计工作中，还对设计师的人性进行了深刻的挖掘和探索，认为设计师是充满激情、敏感，需要精心保护的动物。

他对宝马车型进行了革命性的设计，这次大幅度的换脸确实激起了广大宝马车迷的争议。但是宝马公司的总裁不但没有放弃这个想法，反而任用 Chris Bangle 作为宝马负责设计部门的副总裁。事实证明，Bangle 为未来的宝马争取到了更多的拥护者，并成为 21 世纪领跑设计的先驱。他将汽车设计的百年归纳为"房子—船—冰箱"，而在今天的设计师口中，我们常常能听到的就是"我们设计的不是盒子"。

2001 年 Xcoupe 的不对称设计和 2008 年刚刚发布的使用"布"作为汽车表面覆盖方式的 GINA（图 6-25），Bangle 为我们所带来的革命，显然不是随便的一个脱离汽车形状的壳子，它对于汽车设计的探索已经脱离了肤浅的形式主义，为我们开启了一个充满想象的未来。

图 6-25 宝马 Xcoupe 概念车 GINA

这里还要提到的是奎蒙特所领导的雷诺设计室。因为他对于雷诺设计室的影响从 1987 年起直到现在。把一个几乎只知道在机械部件周围堆砌形状的设计室,转换为一个真正的设计室,奎蒙特所领导的概念车设计清新优雅,充满了梦幻感(图 6-26),它的表面处理形式,有一种贴近自然的感觉,深深影响了 20 世纪 90 年代至今的设计界。

图 6-26 雷诺概念车

整个概念车的历史,就是有创造力的人和他们创造的历史。汽车业的变革成为车身大规模改动的契机,而那些抓住了时机并积极推动产品革新的领导者,都带领他们的企业走向了成功发展的道路。是企业的需要促使了概念车的诞生、变革与发展;概念车的成功也推进了企业的发展。

从概念车的历史来看,每一次在企业面临危机或外部存在压制性的消极因素时,往往都会催生出极好的概念车。今天,当产品规划已成为企业的一个系统时，概念车的研发与制作也变得系统化，所面对的目标也更加清晰和明确。

第三节　概念车在产品规划中的地位和作用

一、概念车在产品规划中的地位

（一）产品的未来市场定位

现代的概念车设计，是在文化、历史和社会背景下进行的。今天，设计所赋予的思想内涵仍不断更新进步。

产品的未来市场，反叛性的机遇与风险同时存在，而验证与开创它的事物就是概念车。假如公司的产品规划部停止预测年轻消费群体的喜好，或想定位某个平台的系列车型而找不到方向，而市场调查给出的五种倾向几乎是等比的。销售所预期的市场将中心放在畅销了快10年的经济性车型上。公司的名声与陈设、保守联系在了一起，越来越多的新的消费群体，选择一种更加年轻的品牌。所要注意的是，品牌的成功与品质的保障是决策所必须承担的责任，对于一个年代悠久的品牌，经不起任何失败，我们应该怎么做？我们通过一个情景对话加以分析。

一个阳光明媚的午后，造型的规划人员B带着负责产品规划的总裁A来到了车程大约2小时的郊区，这是最近新开发的一处旅游景点、一群背着背包的年轻人正两两结伴，带着户外装备进行野外徒步的体验。他们开了一辆破旧的皮卡，带着一辆越野摩托和两辆折叠自行车。很显然，这六七个人，有一两个人要在货厢挤一下了。

A：他们是些什么人？（潜在消费人群）

B：同一公司的职员、大学同学，也有户外俱乐部的成员，或者随便什么互联网上的新奇组织。

A:这种活动很普遍吗？ （生活方式与社会流行趋势）

B:现在还不是,出行存在一定的限制,滑雪与徒步基本都要跟着俱乐部。他们看起来很热爱自然,当然也很想带着烧烤架来烧烤,或在星星下面喝两瓶只有城市里才能买到的啤酒,如果是我,会带上便携音响,salsa 一下(一种开始在白领阶层快速蔓延的拉丁交际舞),让那些烦人的问题都见鬼去。

A:这种想法很普遍吗？ （思想的转变所带来的生活方式转变的潜在普遍性）

B:如果金融危机不能让你去马尔代夫或者西藏,年轻人总会想到别的方法离电脑和通勤机远一点。如果甲型 H1N1 流感和各种新的传染病继续蔓延,公共健身、卡拉 OK 和舞厅已经变得不再安全,您会选择什么？

A:你是想提醒我。我们恰好有个 V 平台策划可以给这些年轻人一个不错的选择？

（造型对商品策划的软性因素回馈）

B:是的。但是我们没有市场调查和销售的可靠性依据,类似的提案三年前就有了。可是因为市场调查和销售数据与提案的定位相差太远,再加上工程定义与成本定义没有明确,最后连生产的单位都没有,就放弃了。三年后,市场上有很多类似于那个提案的车型,都卖得不错,虽然没有我们的漂亮。

（商品策划对于造型工作及整个产品开发工作的领导与定位）

A:而我们还在为同样的车型策划！有什么好的办法让这个充满希望的想法站住脚跟,来促使公司真正将这个想法实现,而不动用巨大的人力物力？

B:让市场来说话！听听那些背着包坐在皮卡里的年轻人的声音！也许俱乐部的呼声会更高。如果时间安排得合理,只需要少量的资金,在明年的某个车展上就可以做一辆以这个平台为基础的概念车,也许两辆？增加一下 V 平台的通过性。补充一些多媒体插件。把娱乐性、多功能性和越野性表现出来，加大内部空间。如果做两辆概念车，就把城市娱乐和城市越野做两个同平台的细分市场。我们早就需要一个全新的面孔了，工程与概念方面最好做一些可行性研究，我们不希望过多的量产因素影响到全新面孔的构思，工程也不希望这个计划量产的概念做成劳斯莱斯的标准。

（概念车对产品的市场定位）

A：好吧。做个具体的提案拿到产品工作会议上，包括你们工程部的提案，我考虑一下，也许概念车真的有用。一个不错的周末，公司需要你这样的人，谢谢！

（理想中的决策者）

从以上这段虚拟对话和分析，我们可以看到概念车，作为造型策划和商品策划的组成部分，提供了一个完整的市场概念。

对于传统车系和消费人群固定的车型，概念车的展出预告者，该系列将有较大的车身变化，并持续一定时间。

对于全新车系，开拓市场将成为概念车的首要任务，造型对市场和社会的理解总是处于超前的状态，造型常会提出很多崭新的想法。

总之，概念车的展出，不管是成功还是失败，都对企业的决策工作有着十分重要的参考价值。

（二）产品的视觉定位

同一市场定位可以衍生出多种不同的造型，企业会在概念车的制作过程中，对仍然处在朦胧状态的造型进行定义和筛选，并且很好地确定出来一套最符合公司产品发展战略的方案。这一过程需要造型策划工作提出一种可视性的鉴别标准。用来定义汽车的造型风格取向。

概念车的设计通常都是造型工作中创造性工作的一个最集中部分，就好像是同一幅白桦林的风景画，能够描述出清晨和傍晚。概念车的产品视觉定位通常都会告诉设计师，你想要的是清晨还是傍晚。

　　造型定位的把握，主要是依赖于造型部门的专业素养以及其品位，领导者应该是长期从事造型工作，并且有着十分丰富的经验以及前瞻性的设计师。这对于企业的重要性，就好像企业愿意将它的长相给什么样的人来塑造一样，关乎的是品牌形象。对设计人才的鉴定也决定了企业未来形象的优劣。

二、概念车的展示和回馈作用

　　"我们策划的车是什么样子的？"这个在策划之初就形成的问题，当设计师对输入进行感性的加工之后，就会发展成为预演的概念车。它会像好莱坞的电影明星，站在车展的舞台上。人们通常都会对它的样子做出各种各样的评价，这种评价通常都是十分客观的。

　　以 concept I 为例，无论是从工程设计、生产加工还是实用性而言，都几乎没有太多的优势。可是展出后，公众强烈的反响导致它最终投产，大众公司也从此有了新的神话。这些是市场调查、销售报告和工程数字所无法预知的，是概念车在市场中预演的胜利。但并不是所有的概念车都会成功。富有争议的设计也是概念车的特征之一。

第四节　概念车欣赏

一、奥迪 Avus

　　该车曾经在 1991 年东京汽车展上出现，是奥迪公司设计的经典概念车——奥迪 Avus（图 6-27）给公众带来了无限的惊喜，设计者是 J·梅斯。该车是以 20 世纪 30 年代的一个柏林赛车道命名的。它的车体是基于磨光铝制作完成的,车门为经典的剪式设计。这辆流线型车向公众进一步展示出了 W 引擎结构的超强性能,它的发动机主要是由 12 个汽缸排成了 3 排,每排为 4 个。6.0升的发动机在运转过程中可以产生超过 500 马力的强大动力。该车型的时速 3s 就能够提高到 100km,它的最高时速在设计时设定为超过 200km。该车流畅的线条,光滑的车身,较小的车灯、风栅口以及大面积的表面形成了一个非常明显的对比,造型大气而不失简约,开门方便而新颖。

图 6-27 奥迪 Avus 概念车

二、福特 GT90

该车是于 1995 年由福特公司设计的概念车,命名为 GT90(图 6-28),主要是为了庆祝 GT40 跑车赢得了 Le Mans 赛事的胜利而专门设计的。在这辆车中,福特主要运用了它的"新边缘"设计主题。在 GT90 车有棱有角的外壳下则是一些来自美洲虎 XJ200 超级汽车的机械零部件。其造型的棱角非常分明,柔中带刚,显示出了该车强劲有力与超常的速度。

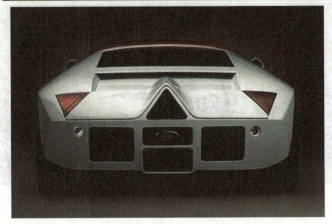

图 6-28　福特 GT90 概念车

三、宝马 Z07

宝马汽车公司设计的 Z07 概念车(图 6-29)在 1997 年东京车展上首次公开展出。Z07 是由宝马汽车公司自己设计的第一部概念车。它是一辆跑车类型的概念车,没有可折叠的布篷,但它可以在司机座位的后面配备一个大的汽车后座顶篷或者是一个可移动的金属顶篷,这样就可以在恶劣的天气状况下保护司机和乘客。其前长后短的形态,车轮罩柔和的曲线通过宽阔的车门延伸至短而充满力量感的车身后端,将强劲彪悍与柔顺如水集于一身。还有双肾形散热器格栅和侧面排风口造型,都凸显其纯正的宝马血统。

图 6-29　宝马 Z07 概念车

四、Venturi Fetish 概念车

Venturi Fetish 车（图 6-30）2002 年在日内瓦首次公开展出。它主要是由萨夏·拉凯克设计完成的。它的发动机功率可以达到 180kW，最高转速可以达到 14000r/min，它最高的时速可以达到 170km/h。此外，充电一次可以行驶 350km。该车不但拥有十分优美的曲线和流线型外观造型设计，而且还拥有肌肉的丰满与力量感，其性感的外观造型和驾驶乐趣吸引了人们的眼光。

图 6-30　Venturi Fetish 概念车

五、玛莎拉蒂"鸟笼"

在 2006 年的北京国际车展上展出了意大利的顶级跑车品牌之一，玛莎拉蒂最新概念车"鸟笼"（Birdcage 75th）（图 6-31）。"鸟笼"概念车是玛莎拉蒂携宾尼法利纳、摩托罗拉两家公司之力

共同打造的艺术品。它采用摩托罗拉公司的技术,将"无缝移动通信"设想变为现实,性能方面"鸟笼"作为公路版概念车甚至符合某些顶级赛车的标准。采用无车门而将发动机罩、车窗及车顶设计成一体的创意,新颖独到,进出方便。外部造型圆滑丰满,匀称流畅,似穿低胸晚装的玉女,惊艳动人;大小形态的对比,如珠宝般的细节,体现出简洁、高贵和精致。"鸟笼"对速度、性感和优雅做出了终极阐释。

图 6-31　玛莎拉蒂"鸟笼"概念车

六、雪铁龙 C-Metisse

　　如图 6-32 所示的概念车是 2007 年曾经在上海国际汽车展上公开展出的一款法国雪铁龙超级概念车——C-Metisse。该款概念车也是业内鼎鼎有名的雪铁龙品牌的总设计师普路依先生的设计大作,获得路易·威登(LV)2006 年度"最佳经典概念奖"。它采用柴油和电能的油电混合动力和独特的前后分离四驱系统,以及碳纤维的轻量化车身。平滑而柔韧的曲线,就像流动中的水纹,姿态优雅而充满灵性,大胆运用菱形前大灯和硬朗镀铬装饰条与圆润的车身形成对比,表现自己不一般的个性。采用上仰的流线设计,配合环绕的车窗,仿佛一艘将要起飞的太空舱。鸥翼式前后车门同时打开时,如雄鹰展翅,又像邀人入座,充满了绝妙想象力。兼顾优越的空气动力性能和艺术造型确实让人惊叹。

图 6-32 雪铁龙超级概念车——C-Metisse

七、通用悍马 HX

在 2008 年北美的国际汽车展上,通用汽车公司公开展示出了悍马 HX 概念车(图 6-33)。这款车型十分轻巧、可变化的越野车,属于一款非常前卫、适合户外的入门级悍马造型车,其十分鲜明的悍马设计理念,紧凑的、畅通无阻的驾驶理念设计,对当前的越野车市场重新提出了挑战。根据资料介绍,悍马 HX 概念车,宽为 2057mm,轴距为 2616mm。它主要发扬的是悍马传奇一般的越野精神,配备了方便拆卸的车篷顶,可以很好地适应不同越野环境的基本需求,同时还最大限度地满足了不同载货或者乘坐的需要。它的设计理念主要来源于三位刚加入悍马设计工作室的年轻设计师。其造型在充分保持了其野性与强悍的同时,更多了几分精致、轻巧、高档以及舒适之感。

图 6-33 悍马 HX 概念车

八、Daedalus 概念车

英国皇家艺术学院的学生 Jonathan Putner 设计的汽车作品 "Daedalus"（图 6-34），主要是以强调车内的乘客交流为主轴进行布局的。车内的所有座椅一律能够朝任何一个方向或者任意的角度斜倚或者旋转，以便能够进一步增加乘客之间的互动。晶莹剔透的玻璃车顶中可以根据当时阳光的强弱，适当去调控车内的光线。设计者还受到了花朵和环境互动的有关原理激发，从而创造出了一台以"人与环境"为综合理念的车型。其仿生的形态设计使人感到十分亲切、有趣以及富有浓浓的人情味。

图 6-34　Daedalus 概念车内饰

九、其他概念车鉴赏

（一）韩国现代 Quarma Q 概念车

现代汽车推出的 Quarma Q 概念车，抛弃钢结构，采用了沙特基础创新塑料部提供的大量高科技塑胶材料。巨大的塑胶玻璃车窗造型产生了一种直升机效果的观测界面；前散热格栅的下面区域在发生碰撞时可以像海绵那样发生变形。另一个目标是节省燃油消耗，塑胶配件取代了传统的金属和玻璃构造，令车身的总重量节省了 30%～50%（大约 135 磅），而且塑胶树脂材料是一种可循环再生的材料（图 6-35）。

图 6-35　Quarma Q 概念车

(二)日本概念车

1.日产 NV200 概念车

日产 NV200 概念车是为了满足专业水下摄影师的特殊需求而设计的,但可根据不同消费者的需求而做出改变。最引人瞩目的是它新概念的后厢使用机能,可以向后延伸的车厢,不仅可以存储不同的物品,而且可用作移动的商品销售和广告宣传等(图 6-36)。

图 6-36　日产商务概念车 NV200

2.日产 Pivo 2 概念车

日产的 Pivo 2 概念车,是一款供城市驾乘者使用的环保型电动汽车,与前一代相比它最大的改变就是车门开启方式已不再是两侧电动滑门的方式,而是将车门设置在车头,并采用侧面打开的设计,可通过能360°旋转的车厢,让三名乘客都可以从同一侧面进入车内。另一项进化为驾驶室中控台区域新增了一个可爱的机器人人头,除了基本的语音提醒之外,位于机器人双眼的感测系统还会判断你的表情,与你进行适度的沟通,这也开创了人与车相处的方式。实行四轮独立轮拱的造型加上圆润可爱的车身造型让众多车迷和卡通迷们惊喜不已,蓝色和米色组成的内饰也营造出一种舒缓的轻松氛围(图6-37)。

图6-37　日产 Pivo2 概念车

3. 丰田 RiN 概念车

丰田 RiN 概念车称得上是真正的绿色汽车设计。它可以检测到乘坐者的心情来调整内部颜色,可以调控温度,大型侧滑门、低矮平整的地板和大面积球状玻璃让驾乘者倍感清新自然,座椅好似苗壮生长的新芽,并能让你的脊柱保持在正确的位置,就连油门和刹车踏板也设计成叶

图6-38　丰田 RiN 概念车

子形状。它的外观造型灵感来自日本一种叫"屋久杉"的雪杉,寓意稳固、健康与活力。整体设计充分体现出"身心舒畅"和"与自然和谐共处"的设计理念(图6-38)。

4.丰田 Hi－CT 概念车

丰田 Hi－CT 概念车动力系统采用丰田最新研发的 Hybrid 混合动力,该系统可以通过外接电源充电。高效电池组安放在地板下,不仅没有挤占驾乘空间,而且有降低重心的作用,高高的坐姿也利于形成良好的视野。尾门后可以安放一个庞大的储物箱,可承载各种户外运动器材。方正的造型,大胆的色彩运用和未来感十足的操作接口也符合年轻族群的喜好。这款城市小车塑造出一种年轻化的思维和生活方式(图 6-39)。

图 6-39　丰田 Hi－CT 概念车

5.丰田 i－REAL 概念车

2007 年丰田推出的 i－REAL 概念车,是个人交通工具设计的第四次尝试,它为前二后一的三轮设计,当在人行道低速行驶时采用短轴距,在车行道高速行驶时采用长轴距,在提高纵向稳定性的同时又降低了重心。它的四周安装了很多探测雷达,当发现有碰撞危险时会通过声音和振动等方式警告驾驶员,与此同时也通过声音和灯光信号提醒周围的人或车注意。一旦行驶速度超过 30km/h,座椅就会自动向后倾斜以提高自身的稳定性。

图 6-40　丰田 i－REAL 概念车

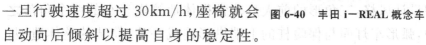

其驾驶还可以通过手机以及虚拟网络进行操控(图 6-40)。

6. 铃木"PIXY+SSC"概念车

日本铃木公司设计完成的"PIXY+SSC"概念车,是一台仅供1 人乘坐的低速移动工具,主要是由"PIXY"与共同使用系统的轻型汽车移动单元"SSC"组成。表现出了对人友善的新交通工具设计发展理念。

"PIXY"卵形车身、柔软的外装材料不会给人们带来一种压抑的感觉。防冲突传感器以及超广角后观察照相机也极大地减轻了发生接触的危险性。尤其是其所拥有的柔软的可吸收冲击力材质车身,可以做到预防万一。"SSC"是一种可以和"PIXY"直接合体与连接的设计,"SSC"主要是可以前后放入两个"PIXY"的轻型汽车。动力采用的则是燃料电池系统,作为一种辅助能源,车顶与车窗同时还装备了太阳能电池,其电力不但可以供"SSC"使用,还可以对"PIXY"进行快速的充电(图 6-41)。

图 6-41 铃木"PIXY+SSC"概念车

(三)雷诺 Radiance"辐射"概念卡车

该卡车将对于沉闷呆板卡车设计的基本印象彻底刷新。在"辐射"身上,每一个面与线都是经过精心设计完成的,车头设计也非常强调其简洁与力量感,进气格栅延续了雷诺家族的盾形造型设计风格,三角形的前大灯非常得体地镶嵌于车的两个角落之中,弧形车灯面与保险杠的上端拱形连成一片,简洁的整体造型,超大的前挡风玻璃、边窗以及天窗,为人们提供了超乎想象的光线,整个车厢中都采用的"触摸设计"概念,简易、流畅的内饰设计以及粗犷、硬朗、前卫的外形相互之间结合在一起,成了这款卡车最大的卖点(图 6-42)。

图 6-42　雷诺 Radiance"辐射"概念卡车

(四)国内的部分概念车

清华大学美术学院研究生王小龙、刘帆设计完成的概念卡车"适达",改变了过去传统货车的货物承载方式,将其设计成吊起式;整车主要由车头和车架(起重式)两部分组成,方便人员存储与管理;车架可以根据装载的情况进行伸缩,以便在空车与装运体积不同的货物(集装箱)时有效地利用其空间;自行取货以及卸货的功能也非常方便货物的装卸;粗壮结实、刚劲有力的造型充分体现了卡车强劲的特性(图 6-43)。

图 6-43　概念卡车"适达"

湖北汽车工业学院的学生刘鹏设计创作完成的"1.5＋1"概念车,属于一种轻型环保纯电动轿车,可以内外驾乘,乘坐舱可开合、运行与泊车时可以伸缩悬架与车轮的新思维以及圆滑、精巧、可爱、时尚的整车造型,充分展示了未来的家庭轿车发展的一种方向(图 6-44)。

图 6-44 "1.5＋1"概念轿车

吉利"风隐"概念车属于吉利汽车研究院的集体设计车型。外形概念灵感主要来源于隐形飞机硬朗的切面,是对吉利汽车个性风格做出的全新探索(图 6-45)。

图 6-45 吉利"风隐"概念车

当前,风隐还仅仅属于概念车,这款车在很多元素方面都会移植到吉利之后的车型中,包括自动泊车、倒车等相关的系统。厚实的车身采用的是多面体以及菱形的剖面外观设计,外观也给人一种切削之感,展现的是像坦克一样非常强悍的刚性与野性风格,是一款"比金刚更男人"的车型设计。但是前脸的进气格栅采用的打孔式造型,略显水准低些,搭配在概念车上也无形中降低了风隐所包含的高科技含量。

该车实现了个性化的语音控制,充分利用麦克风把人的语音

(某一个频率段)信号转化成数字采样信号,充分利用语音识别引擎对其加以识别。另外,能够供蓄电池充电,也能够供空调等电器用电,符合未来新能源环保汽车节能的设计理念。

该车采用了太阳能技术,太阳能与电池混合在一起,这项技术现在仍然还不是太完美,并且不是完全通过太阳能驱动汽车前进的,现在仍然是与发动机以及电瓶串联在一起设计的,这样才能实现快速充电。

(五)2017—2018 年的概念车

从 2017 年来看,大多数顶级汽车设计仍然是概念,这并不奇怪。有一些关于概念车的东西让我们感到兴奋,大量的设计师在视觉语言领域突破界限,试图设计出看起来像是品牌家族一部分的汽车,同时也为自己添加了一些自信。对于这些汽车来说,有一些真正独特的地方。设计师制造出他们希望看到和欣赏的概念车,所以这些概念车(不管是布加迪还是法拉利,还是波音公司的那些奇怪的车)都是绝对的美丽。

设计师 Ivan Venkov 决定将法拉利重新设计成一个全新的公司,将法拉利和 Pininfarina 60 间的设计语言完全融合在一起,开发出更具攻击性和前卫的东西(6-46)。

图 6-46 Ivan Venkov 设计的法拉利

Alex Imnadze 的阿尔法·罗密欧 Disco Volante 概念车也具有微妙的女性魅力(图 6-47)。它的流动形式受到女性身体的自然曲线的启发,具有完美的感觉。

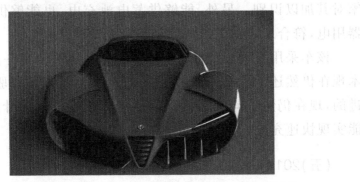

图 6-47　Alex Imnadze 的阿尔法·罗密欧 Disco Volante 概念车

　　城市本田 EV 概念引发了一个情感联系,不像以前展出的任何其他车。城市电动车的概念看起来像 20 世纪 80 年代设想的东西,它的外形看起来很弯曲,外形与本田最早的车型相似(图 6-48)。

图 6-48　城市本田 EV 概念车

参考文献

[1]曹渡.汽车内外饰设计与实战[M].北京:机械工业出版社,2011.

[2]岑华,王峥,段胜峰.汽车造型设计[M].北京:化学工业出版社,2015.

[3]陈望衡.当代美学原理[M].武汉:武汉大学出版社,2007.

[4]程能林.产品造型设计手册[M].北京:机械工业出版社,1994.

[5]程正,马芳武.汽车造型[M].长春:吉林科学技术出版社,1992.

[6]丁玉兰.人机工程学[M].北京:北京理工大学出版社,2011.

[7]杜海滨.汽车造型[M].沈阳:辽宁美术出版社,2008.

[8]杜子学.汽车人机工程学[M].北京:机械工业出版社,2011.

[9]杜子学.汽车造型[M].北京:人民交通出版社,2005.

[10]方海燕,周小儒,袁金龙.汽车前脸造型的仿生设计[J].包装工程,2008(2).

[11]傅立敏.汽车空气动力学[M].北京:机械工业出版社,2006.

[12]黄金陵.汽车车身设计[M].北京:机械工业出版社,2007.

[13]黄天泽,黄金陵.汽车车身结构与设计[M].北京:机械

工业出版社,1999.

[14]黄向东.汽车空气动力学与车身造型[M].北京:人民交通出版社,2000.

[15]姜斌,李铁南.汽车造型设计[M].长沙:湖南大学出版社,2012.

[16]兰巍.汽车造型[M].北京:人民交通出版社,2013.

[17]李光耀.汽车内饰件设计与制造工艺[M].北京:机械工业出版社,2009.

[18]李文江.仿生设计在汽车造型设计中的应用[J].重庆科技学院学报:社会科学版,2010(10).

[19]李卓森.现代汽车造型[M].北京:人民交通出版社,2005.

[20]彭岳华.现代汽车造型设计[M].北京:机械工业出版社,2011.

[21]汽车工程手册编委会.汽车工程手册(设计篇)[M].北京:人民交通出版社,2001.

[22]日本自动车技术会,中国汽车工程学会.汽车工程手册3造型与车身设计篇[M].北京:北京理工大学出版社,2010.

[23]王波.汽车造型设计二维表达[M].北京:清华大学出版社,2009.

[24]王惠军.汽车造型设计[M].北京:国防工业出版社,2007.

[25]魏星宇,唐德红.汉字元素符号在汽车形态设计上的应用[J].设计,2017(23).

[26]严扬,刘志国,高华云.汽车造型设计概论[M].北京:清华大学出版社,2005.

[27]羊拯民.汽车车身设计[M].北京:机械工业出版社,2008.

[28]张法.美学导论[M].北京:中国人民大学出版社,1999.

[29]张希可,王秀峰.汽车仿生设计[J].包装工程,2008

(12).

[30]张志军.汽车内饰设计概论[M].北京:人民交通出版社,2008.

[31]赵江洪,谭浩,潭征宇.汽车造型设计:理论、研究与应用[M].北京:北京理工大学出版社,2010.

[32]赵晓昱,陈凌珊.汽车造型基础[M].北京:清华大学出版社,2017.

[33]周力辉.动感形态与汽车造型设计[M].北京:清华大学出版社,2012.

[34]周淑渊.汽车内饰设计概论(2版)[M].北京:人民交通出版社,2012.

[35]祝莹,曹建中,韦艳丽.汽车造型设计中的形态仿生研究[J].合肥工业大学学报:自然科学版,2010(10).

（12）.

[30]朱志宇. 汽车机械基础评测语[M]. 北京：人民交通出版社, 2008.

[31]臧杰,阎岩. 汽车构造[M]. 北京：北京理工大学出版社, 2010.

[32]赵晓红,陈素清. 汽车发动机基础[M]. 北京：清华大学出版社, 2012.

[33]周力军. 动感形态：汽车车身设计[M]. 北京：清华大学出版社, 2012.

[34]陈家瑞. 汽车构造（2版）[M]. 北京：人民交通出版社, 2012.

[35]陈奕东. 汽车造型设计中的形态美[J]. 合肥工业大学学报：自然科学版, 2010（6）.